ROYAL HORTICULTURAL SOCIETY
DK GARTENTIPPS

GRÄSER UND BAMBUSARTEN

ROYAL HORTICULTURAL SOCIETY
DK GARTENTIPPS

GRÄSER UND BAMBUSARTEN

ROGER GROUNDS

DORLING KINDERSLEY

DORLING KINDERSLEY

Projektbetreuung Simon Maughan
Bildbetreuung Ann Thompson

Reihenbildbetreuung Ursula Dawson

Cheflektorat Anna Kruger
Chefbildlektorat Lee Griffiths

DTP-Designer Louise Waller

Herstellung Mandy Inness

Die Deutsche Bibliothek – CIP-Einheitsaufnahme

Ein Titeldatensatz für diese Publikation ist bei
Der Deutschen Bibliothek erhältlich.

Titel der englischen Originalausgabe:
Grasses & Bamboos

© Dorling Kindersley Limited, London, 2002
Ein Unternehmen der Penguin-Gruppe

© der deutschsprachigen Ausgabe by Dorling Kindersley Verlag GmbH, München, 2002
Alle deutschsprachigen Rechte vorbehalten

ÜBERSETZUNG Feryal Kanbay
REDAKTION Christa Söhl

ISBN 3-8310-0374-2

Printed and bound by Star Standard Industries, Singapore

Besuchen Sie uns im Internet
www.dk.com

INHALT

GRÄSER IM GARTEN 7

Eine Einführung in das Reich der Gräser und Bambusarten sowie
praktische Überlegungen für die richtige Pflanzenauswahl. Gräser
mit dekorativen Blüten und Blättern, Wiesen und Rasen mit Wildblumen, Gräser als Solitärpflanzen, Bambus, Binsen und Seggen und
eine Gestaltung, die das ganze Jahr einen schönen Anblick bietet.

PFLANZPLÄNE UND -SCHEMEN 31

PFLEGE VON GRÄSERN 47

Kauf von gesunden Pflanzen, Pflanzung von Gräsern und Bambus
im Garten und in Kübeln, Begrenzung der Ausbreitung von
Bambuspflanzen, Trocknen von Blütenständen für Blumenarrange-
ments, Pflege während des Jahres, Anzucht neuer Pflanzen aus
Samen und durch Teilung

GRÄSER & BAMBUSARTEN 59

GRÄSER IM GARTEN

WAS SIND GRÄSER?

WIE LILIENGEWÄCHSE UND ORCHIDEEN gehören Gräser zu einer Klasse des Pflanzenreiches, die man als Einkeimblättrige Pflanzen oder Monokotyledonen bezeichnet, da deren Sämlinge nur ein Keimblatt bilden. Zur Familie der Gräser gehören auch die Getreidepflanzen, welche Zutaten für Brot, Zucker und Alkohol liefern und als Nahrung für Nutztiere dienen. Diese faszinierende Pflanzenfamilie zeigt bei einem ähnlichen Grundaufbau eine schier endlose Vielfalt.

WISSENSWERTES ZUR FAMILIE

Im Gartenbereich wird der Begriff Gräser nicht nur für die Familie der Süßgräser (echte Gräser) verwendet, sondern umfasst auch grasähnliche Familien, vor allem Seggen, Binsen und Rohrkolbengewächse. Der Bambus gehört zu den Süßgräsern. Diese haben immer abgeflachte Blätter sowie zylindrische und hohle Halme. Im Gegensatz dazu sind die Blätter und Stängel der Seggen im Querschnitt dreikantig und nicht hohl. Die Blätter der Binsen entwickeln sich aus dem Boden und können zylindrisch oder flach sein. Charakteristisch für die Rohrkolbenfamilie sind die bandförmigen Blätter und die typischen weiblichen Blüten, die den kräftigen, zylindrischen Blütenstängel vollständig umgeben wie beim Breitblättrigen Rohrkolben (*Typha latifolia*). Bambus unterscheidet sich von anderen Gräsern durch seine schweren holzigen Stängel und durch die gestielten Blätter.

HERBSTSCHMUCK
Wenn der Sommer allmählich in den Herbst übergeht, scheinen die Gräser sich aufzulösen oder zu brennen, wenn sie die feurigen Farbtöne der umgebenden Laubbäume und Sträucher einfangen.

◄ FLAUMBLÜTEN UND LEUCHTENDES LAUB *Gräser bieten eine Fülle zarter Blätter und Blüten.*

WARUM GRÄSER PFLANZEN?

G RÄSER SIND VON EINER SCHÖNHEIT, die sich von anderen Pflanzen unterscheidet. Sie bilden keine statische Einheit aus kräftigen Farben wie die klassischen Blumen, sondern weisen eine Feinheit der Linie und Struktur sowie eine besondere Nähe zur Natur auf. Beeindruckend ist ihr Glanz, die Art, wie sie das Licht des Himmels in ihren Blüten einfangen und den Garten zum Leuchten bringen. Auch ihre Transparenz – das Auge kann durch sie hindurch auf andere Pflanzen blicken.

BEWEGUNG IM GARTEN

Gräser sind nie statisch, sondern immer in Bewegung. Sie machen den Wandel der Jahreszeiten mit, sprießen im Frühjahr in üppigem Grün und reifen und blühen ab dem

> Gräser kommen bei einem Windhauch in Bewegung, bei einem Sturm scheinen sie zu tanzen

Sommer. Im Herbst leuchten sie in den Orange-, Gelb- und Röttönen der Jahreszeit, um im Winter zu geisterhaften Gebilden –

oft mit dekorativen Samenständen – zu verblassen. Ihre Blüten verwandeln sich allmählich zu Samenständen, die Wochen oder sogar Monate halten. Gräser wiegen sich in jedem Windhauch und tanzen fast, wenn es stürmt. Sie bringen sogar Geräusche in den Garten, die Blätter mancher Arten rascheln im Wind wie ein Ballkleid.

GRÄSER SIND LEICHT ZU KULTIVIEREN

Die meisten Gräser benötigen nicht mehr als einen unkrautfreien Boden, eine offene Lage und etwas Wasser, um zu gedeihen, sowie

GRASBEWACHSENE UFER
Es gibt viele Gräser, besonders Seggen und Binsen, die einen feuchten oder nassen Boden bevorzugen, wie den Rand eines Teichs oder Bachs.

▲ AUFFÄLLIGE ERSCHEINUNG
*Die federigen, fontänenartigen Blütenstände des Chinaschilfs (*Miscanthus*) ziehen den Blick auf diese Rabatte hochwüchsiger Gräser.*

etwas Pflege. Sie zählen zu den Pflanzen, die sich sehr einfach kultivieren lassen. Manche vertragen große Trockenheit, und die meisten von ihnen werden das Unkraut unterdrücken, vorausgesetzt, sie wachsen nicht in einem sehr nährstoffreichen Boden.

HÖHE UND FORM

Manche Gartenschwingel werden nicht höher als 15 cm, während riesige Arten wie Pfahlrohr (*Arundo donax*) bis 4,2 m erreichen können. Einige bilden dicht büschelige Hügel, andere gehören zu den Typen, die streng vertikal, in fontänenartigen Horsten oder nicht gleichmäßigen Gruppen wachsen. Auch die Struktur variiert von feinen, schnurartigen Blättern bis zu derben, breiten Blattspreiten. Seggen und Binsen erweitern die Palette durch Arten, die unter schattigen und feuchten Bedingungen gedeihen.

HOCHWÜCHSIGE GRÄSER
Riesengräser können in einem Grasgarten Sträucher ersetzen, in Rabatten vorherrschen und auch Wege abgrenzen.

PRAKTISCHE ÜBERLEGUNGEN

WELCHE PFLANZEN SIE IN IHREM GARTEN ZIEHEN KÖNNEN, hängt von Boden, Klima und Lichtverhältnissen ab. Die meisten Gräser vertragen die unterschiedlichsten Klima- und Kulturbedingungen, aber sie kommen am besten zur Geltung, wenn Sie ihre Ansprüche kennen. Machen Sie sich bei der Auswahl und beim Kauf der Pflanzen Gedanken darüber, wo ein Gras im Garten stehen soll; hohe Exemplare eignen sich für den Hintergrund einer Rabatte und können als Begrenzung oder Sichtschutz dienen, während ausladende Formen gute Bodendecker sind.

PASSENDE PFLANZEN FÜR DEN BODEN

Echte Gräser sind in nährstoffarmen Böden heimisch und entwickeln sich in stark gedüngten Böden nicht in ihrer charakteristischen Form. Deshalb wird der Nährstoffgehalt des Boden vor der Pflanzung von Gräsern oft vorsätzlich herabgesetzt. Das erreichen Sie, wenn Sie den Mineralgehalt des Boden erhöhen, indem Sie reichlich Sand oder feinen Kies einarbeiten (*siehe S. 48-49*). Seggen bilden hier eine Ausnahme und kommen in üppigen, feuchteren Böden vor, während die Hainsimse eher eine Waldpflanze ist und auf mageren, trockeneren Böden wächst. Binsen und Rohrkolben bevorzugen feuchte, fruchtbare Erde.

SCHATTEN ODER SONNE

Als Faustregel gilt, dass Süßgräser am besten in der vollen Sonne wachsen, während Seggen und Hainsimsen etwas Schatten bevorzugen. Es gibt natürlich

▲ GRÜNSCHATTIERUNGEN
Viele Blattgräser gedeihen im Schatten, und ihre Farben überdauern gewöhnlich Blütenstauden mit ihrer allzu kurzen Pracht.

◄ WILLKOMMEN AM WASSER
Wenn Sie im Garten ein Wasserelement haben, sei es auch nur ein Stück Sumpfboden, können Sie die Vielfalt an Pflanzen erweitern.

▲ BAMBUSWAND
Der bunte Goldrohrbambus
(Phyllostachys aurea, bildet
rasch einen hübscher Sicht-
schutz oder eine Eegrenzung.

◄ NATÜRLICHES LICHT
NUTZEN *Das Sonnenlicht*
lässt Blütenstände des Riesen-
federgrases (Stipa gigantea)
von hinten leuchten.

einige wenige Ausnahmen.
In kühlen bis gemäßigten Klimaten brauchen alle Sonne liebenden Gräser mindestens einen halben Tag Sonne, um gut zu gedeihen, während in wärmeren Regionen drei bis fünf Stunden Sonne ausreichen. Bei mehr Sonne werden die Gräser starrer und aufrechter; je mehr Schatten sie haben, um so lockerer wird ihre Wuchsform und sie blühen nicht sehr üppig.

KLIMATISCHE ÜBERLEGUNGEN

Wärme und Kälte schränken die Zahl der Pflanzenarten, die wir kultivieren können, ein. Die meisten Gräser für kühlere Jahreszeiten, die vor dem Hochsommer blühen, sind kälteverträglich, mögen aber keine hohen Temperaturen. Umgekehrt benötigen viele Gräser, die nach dem Hochsommer

Blüten bilden, viel Wärme, wenngleich die meisten mäßigen Frost aushalten.
Im Garten herrschen in der Regel unterschiedliche Mikroklimata, was die Entscheidung bei der Pflanzenauswahl beeinflussen

Die meisten Gräser mögen mindestens einen halben Tag Sonne

wird. Wenn Ihr Garten z.B. der Sonne zugewandt ist, wird er wärmer und trockener sein als ein Garten, der vor allem im Schatten liegt; und Pflanzen im Schatten eines Gebäudes bekommen weniger Regen als solche in offenen Lagen.

BETRACHTUNGEN ZUM GARTENBODEN

DIE ART DES BODENS, ob Ton, Sand oder etwas dazwischen, wird durch die Größe der Mineralteilchen bestimmt. Die zwei Extreme sind Tonböden, die aus sehr feinen Partikeln bestehen, und Sandböden, die sich aus großen Teilchen zusammensetzen. Ein Lehmboden ist eine Mischung aus beiden. Böden können auch sauer oder alkalisch sein. Das ist bei Pflanzen wie Rhododendron oder blau blühenden Hortensien wichtig, die meisten Gräser aber gedeihen in beiden Böden.

SO TESTEN SIE IHREN BODEN

In der Praxis ist es am einfachsten, eine Hand voll Erde zu nehmen, und sie zwischen den Fingern zu einem Klumpen zu formen. Wenn Sie loslassen und die Erde ist ein kompakter Klumpen, handelt es sich um einen Tonboden. Fällt die Erde auseinander, dann haben Sie einen Sandboden. Ein Mitteldig entsteht bei Lehmboden. In seltenen Fällen gibt extremere Bodenarten, die man in Untersuchungslabors bestimmen lassen kann.

GRÄSER UND SANDBÖDEN

Sandböden sind gewöhnlich nährstoffarm, vor allem weil das Wasser nach dem Regen rasch abfließt und die Nährstoffe leicht herausgewaschen werden. Obwohl Gräser im Großen und Ganzen magere Böden lieben, benötigen sie organisches Material, um die Bodenfeuchtigkeit zu halten. Jährliche Gaben von organischem Material – wie z.B. Gartenkompost – helfen.

ARRANGEMENT AUF SANDBODEN
Sandböden trocknen aus und verlieren rasch Wasser sowie Nährstoffe. Verbessern Sie die Bedingungen durch organisches Material.

GRÄSER FÜR SANDBODEN

Calamagrostis × acutiflora **'Karl Foerster'**
Dichte, aufrechte Horste mit federigen, purpurn getönten Blütenständen im Frühsommer.
Holcus lanatus **'Variegatus'** Niederwüchsige, kriechende Staude mit panaschiertem Laub.
Spartina pectinata **'Aureomarginata'** Hohes, Gruppen bildendes Gras mit gestreiften Blättern.
Sporolobus heterolepis Niederwüchsiges Gras mit duftenden Blütenständen, ideal als Bodendecker.

RABATTE MIT TROCKENHEIT VERTRAGENDEN PFLANZEN *Kreieren Sie für trockenen Boden eine kühle Farbkombination durch Mischen von blauen und silbernen Gräsern mit Stauden gleicher Farbe.*

TROCKENE BÖDEN

Trockener Boden ist in den meisten Gärten ein einschränkender Faktor, aber viele Gräser wachsen in solchen Böden besonders gut; ihre Wurzeln eignen sich, um aus scheinbar trockenem Grund Wasser zu ziehen. Nehmen Sie Formen mit blauen oder grauen Blättern. Hier reicht die Palette von niedrigem Blauschwingel bis zu hohen Hirsearten wie Rutenhirse *(Panicum virgatum)* und Indianergras *(Sorghastrum nutans)* und umfasst eine Reihe von Gräsern mit ausgezeichneten Blüten wie Moskitogras *(Bouteloua gracilis)*, Federborstengräser *(Pennisetum)*, Blaustrahlhafer *(Helictotrichon sempervirens)* und Federgrasarten *(Stipa)*.

Auf Grund des Wassermangels in trockenen Böden müssen Gräser in angemessenem Abstand gepflanzt werden. Ästhetisch die beste Wirkung erzielt man, wenn mit Kies

TROCKENE BÖDEN

Andropogon gerardii Hohes, aufrechtes, blaugrünes Gras, verblasst im Herbst zu Orange und Rot.
Bouteloua gracilis Niedriges Gras mit Blüten.
Festuca Niedrige, bunte Hügel.
Helictotrichon sempervirens Hohes, silberblaues Gras mit überhängenden Blütenstängeln.
Koeleria glauca Niedrige Hügel mit blauen Blüten.
Leymus arenarius Das intensivste Blau, aber stark wuchernd.
***Melica altissima* 'Atropurpurea'** Hohe purpurne Blütenähren über schlaffem Laub.
Panicum virgatum Aufrecht; viele Sorten.
Pennisetum Fontänenartige Blütenstände.
Schizachyrium scoparium Blaugraues Laub, verblasst im Herbst zu Orangerot.
Stipa Feine Gräser mit federigen Blütenständen.

oder Schieferbruch gemulcht wird *(siehe S. 52)*. Das hat den Vorteil, dass die Mulchschicht das Wachstum von Unkraut unterdrückt und den Boden beschattet und so die Verdunstung durch Sonne und Wind herabsetzt.

TONBÖDEN VERBESSERN

Tonböden sind reich an Nährstoffen und deshalb sehr fruchtbar, aber ihre klebrige Konsistenz und die fehlende Durchlüftung erschweren das Eingewöhnen der Pflanzen. Außerdem sind sie schwer und lassen sich schlecht umgraben. Die Bedingungen für Gräser können wie bei Sandböden (*siehe S. 12-13*) durch das Einarbeiten von gleichen Teilen an reichlich organischem Material und grobem Sand, der die Fruchtbarkeit des Bodens reduziert (*siehe S. 48*), erheblich verbessert werden. Sie müssen gründlich mit der Erde vermischt und nicht einfach als Mulch ausgebracht werden; aber eine

Mulchschicht wird auch gute Dienste leisten (*siehe S. 52*). Tonböden sollte man am besten im Herbst umgraben und über Winter der Witterung aussetzen. Wenn sie nass sind, darf man sie nicht umgraben.

NASSER ODER SUMPFIGER BODEN

Ein ständig nasser Boden bietet die Möglichkeit, eine Reihe von Gräsern und Pflanzen

Erweitern Sie die Palette an Gräsern für feuchten Boden

zu kultivieren, die hier eine Wuchskraft und Üppigkeit aufweisen, die sie auf normalem Boden nie erreichen würden. Die größte von ihnen ist das Pfahlrohr (*Arundo donax*), das bis 4,2 m hoch wird und breite, blaue Blätter trägt. Die meisten Arten von Chinaschilf

GRÄSER FÜR TONBÖDEN

Calamagrostis × ***acutiflora*** 'Karl Foerster' Hohe dichte Horste mit federigen Blütenständen, bis in den Winter. Auch für Sumpfböden.

Deschampsia cespitosa Horstbildend mit hohen Blütenständen; beliebt, viele Sorten. Auch für Sumpfböden,

Elymus hispidus Blickfang mit breiten, stahlblauen Blättern und Blüten.

Phalaris arundinacea var. ***picta*** Hohes Gras mit gestreiften Blättern. Auch für Sumpfböden.

FARBENSPIEL AUF TON
*Alang-Alang-Gras (*Imperata cylindrica *'Rubra'), Blauschwingel (*Festuca glauca*) und Federgras (*Stipa tenuissima*) bringen Farbe.*

▲ BLÜTENFONTÄNE
*Das Rohrglanzgras (*Phalaris arundinacea*), das wie eine Fontäne wirkt, wird durch die tiefgrünen, schirmartigen Blätter des Mammutblatts (*Gunnera manicata*) zusätzlich betont.*

◄ HOHE RANDBEPFLANZUNG
Hohe Arten Feuchtigkeit liebender Gräser und Schwertlilien sind gute Gewächse für das Ufer. Hier verbergen Sie einen sumpfigen Teich.

GRÄSER FÜR SUMPFBÖDEN

Arundo donax Sehr hoch mit blaugrauen Blättern.
Carex Für feuchte, schattige Lagen.
Cortaderia selloana Großes und auffallendes Pampasgras mit federartigen Blütenschöpfen.
Cyperus Auch für Flachwasser.
Luzula Niederwüchsige Hainsimsen, gute Bodendecker.
Miscanthus sinensis Horst bildend mit hübschen Blüten und Blättern. Viele Sorten.
Molinia caerulea Sommergrünes Gras.
Panicum virgatum 'Hänse Herms' Wolkenähnliche Blüten und orangerotes Laub im Herbst.
Spartina pectinata 'Aureomarginata' Horste aus sich wiegenden, gestreiften Blättern und rötlichen Blüten.

(*Miscanthus sinsensis*) und das Blaue Pfeifengras (*Molinia caerulea*) werden bei diesen Bedingungen üppig gedeihen wie auch einige Gräser mit leuchtend bunten Blättern, besonders die Steife Segge (*Carex elata* 'Aurea') und das Rohrglanzgras (*Phalaris arundinacea* var. *picta* 'Picta').

Die Eigenschaften dieser Gräser können betont werden, wenn sie inmitten mehrjähriger Pflanzen mit völlig anderen Blattformen, besonders Farnen, Astilben und Schlüsselblumen wachsen. Hohe Grasarten und Feuchtigkeit liebende Schwertlilien lassen sich zusammen zum Blickfang eines Beetes arrangieren.

GRÄSER MIT DEKORATIVEN BLÜTEN

D IE SCHÖNHEIT BLÜHENDER GRÄSER liegt in ihrer Form und Struktur, weniger in ihrer Farbe, so dass es die Kunst ist, sie in den Garten zu integrieren, indem ein Kontrast dieser Elemente geschaffen wird. Das Wichtigste bei Gräsern ist ihre Eigenschaft, das Licht des Himmels einzufangen und es in ihren Blüten festzuhalten. Deshalb sollten sie so platziert werden, dass ihre Blütenrispen das Licht einfangen, bevorzugt vor einem dunklen Hintergrund.

BLÜTENVIELFALT

Gräser werden nicht wegen ihrer Einzelblüten kultiviert, sondern wegen ihrer Blütenstände. Die Blüten des Riesenfedergrases (*Stipa gigantea*) werden z.b. jeweils über

---

Pflanzen Sie vor blühende Stauden Gräser, durch die man hindurchsieht

---

5 cm lang und bilden einen Gegensatz zu den winzigen Blüten der Rutenhirse; aber beide sehen eindrucksvoll aus, weil sie sehr zahlreich erscheinen.

Die Größe der Blütenstände variiert von den riesigen Blütenschöpfen des Pampasgrases (*Cortaderia*) bis zu den kleinen Rispen des Perlgrases (*Melica uniflora*). Auch in der Transparenz gibt es Unterschiede; so ist sie bei einigen Chinaschilf-Arten kaum vorhanden, während die Blütenrispen der Pfeifengrasarten (*Molinia*) ganz durchscheinend wirken.

Eine besondere Wirkung kann durch Gräser erzielt werden, durch die man hindurchsehen kann, und die man als eine Art

KONTRASTE SCHAFFEN
Diese Rabatte besitzt alle Elemente – gemischte Formen, Strukturen und Farben. Beachten Sie, wie der Blick bei aufrechten Formen innehält.

MEHR IDEEN

Calamagrostis Federartige Blütenrispen im Frühsommer.
Deschampsia Schleierartige Blütenstände im Frühsommer.
Hordeum Gerste mit Blütenständen im Hochsommer.
Miscanthus Gefingerte Blütenschöpfe ab Hochsommer.
Molinia Verschwommen wirkende Blütenstände ab Hochsommer.
Panicum Wolken aus Blüten.
Pennisetum Federige Blütenstände im Spätsommer.

◄ RAUCH UND FEUER
Die aufrechten Ähren von Eremurus × isabellinus 'Cleopatra' ragen wie glühende Feuerhaken aus Federgras und Schafgarbe heraus.

▼ FLIESSENDE BLÜTEN
Gräser können das Gefühl von Ebbe und Flut erzeugen, insbesondere zwischen weniger beweglichen Pflanzen.

Schleier vor leuchtend gefärbte Stauden pflanzt. Pflanzen Sie einige große Gräser vorne, und blicken Sie durch sie hindurch auf die Gewächse dahinter – beispielsweise durch die Blüten und Halme des Riesenfedergrases auf blühende Taglilien.

MIT STAUDEN KOMBINIEREN

Wenn Sie Gräser mit Stauden mischen, versuchen Sie Arten, die zur gleichen Zeit blühen, zusammen zu platzieren, und setzen Sie gegensätzliche Formen und Farben ein. Wenn z.B. Fackellilien (*Kniphofia rooperi*) mit ihren kräftigen, orange leuchtenden Blütenrispen zusammen wachsen mit *Aster lateriflorus* 'Lady in Black', einer büscheligen Pflanze mit malvenfarbenen Blüten, bilden sie einen harmonischen Kontrast und erhöhen die Wirkung blühender Gräser wie Pfeifengras, Rutenhirse und Fontänengras.

GRÄSER MIT SCHÖNEM BLATTWERK

ES IST DIE LINEARE FORM IHRER BLÄTTER, die Gräser so sehr von anderen Stauden unterscheidet, und während ihre Blüten eine kleine Palette zarter Farben zeigen, können ihre Blätter so leuchtend sein wie die farbenprächtigsten Sommerblumen. Das Wichtigste, worauf Sie achten müssen, wenn Sie Gräser mit bunten Blättern kombinieren, ist, dass alle Arten in einer Gruppe ähnliche Wachstumsansprüche haben. Gräser mit blauem Blattwerk benötigen z.B. oft trockenere Bedingungen als weiß oder gelb panaschierte Arten.

BLATTFORMEN BEI GRÄSERN

Die auffälligsten Blätter hat das Alang-Alang-Gras (*Imperata cylindrica* 'Rubra'), die karminrot überhaucht werden. Besser einzusetzen sind weiß panaschierte Formen wie das Rohrglanzgras (*Phalaris arundinacea* var. *picta* 'Picta') und das gestreifte Chinaschilf (*Miscanthus sinensis* 'Variegatus'), dessen nahezu völlig weiße Farbe den Blick auf sich lenkt. Sie können die Aufmerksamkeit auf bestimmte Bereiche des Gartens richten oder davon ablenken. Weiß gestreifte Gräser sollte man wie blühende Gräser dort pflanzen, wo sie vor einem dunklen Hintergrund mit Sonne hinter oder neben sich betrachtet werden können. Gelbblättrige oder panaschierte Gräser sehen besser aus, wenn die Sonne auf sie scheint. Rot- und gelbblättrige Arten wirken oft eindrucksvoll, wenn sie mit blaublättrigen Gräsern kombiniert werden, die so niedrig wie Schwingel (*Festuca*) oder so hoch wie die Rutenhirse (*Panicum virgatum* 'Blue Tower') sein können.

EFFEKTVOLLE BLÄTTER

Für eine wirkungsvolle und kontrastreiche Gestaltung pflanzen Sie Gräser mit sehr schmalen Blättern wie *Miscanthus sinensis*

WEITERE VORSCHLÄGE

Calamagrostis × *acutiflora* 'Overdam' Weiß gestreifte Blätter wiegen sich im Wind.
Carex oshimensis 'Evergold' Cremefarben.
Elymus hispidus Leuchtend blaue Blätter.
Glyceria maxima var. *variegata* Cremefarben gestreifte Blätter, meist auffallend im Frühjahr.
Leymus arenarius Intensiv blaues Laub.
Luzula sylvatica 'Aurea' Goldene Blätter.
Molinia caerulea subsp. *caerulea* 'Variegata' Auffallend cremefarben gestreift.
Phalaris arundinacea var. *picta* Panaschierte Gräser; 'Picta' und 'Feesey' sind beliebt.
Schizachyrium scoparium Blaue Blätter, färben sich im Herbst orangerot.
Uncinia rubra Rotes bis bräunliches Laub, abhängig von der Lichtintensität.

FEDERIGE BLÄTTER *Goldene Steife Segge (Carex elata* 'Aurea'*) als Kontrast zu blauer Haargerste (*Elymus magellanica*), Echtem Federgras (*Stipa pennata*) und roten Montbretien.*

▲ STRUKTUREFFEKTE
Die strenge Geometrie des Sommerhäuschens wird durch eine runde Wolfsmilch sowie Bambus und Gräser mit feinen, bunten Blättern ausgeglichen.

◄ FARBKONTRASTE
Hakonechloa macra 'Aureola' *ist ein hübsches Gras mit vielen bunten Sorten. Sie bildet Schwaden kaskadenartig fallender Blätter, die sich ab dem Spätsommer weinrot färben.*

'Gracillimus' neben solche mit auffälligen, breiten Blättern wie Pfahlrohr (*Arundo donax*). Sie können auch Gräser zusammen mit Stauden oder Sträuchern kultivieren, die völlig unterschiedliches Laub tragen, z.B.

Leuchtende Gräser ziehen den Blick besonders an

Bergenia cordifolia. Die derben, ampferähnlichen Blätter von *Silphium terebinthinaceum* stehen immer aufrecht und bilden einen Kontrast zu Pampasgras (*Cortaderia*) oder überhängenden Bambusarten wie Schirmbambus (*Fargesia murieliae*). Manchmal kann auch die Farbe Ausgleich schaffen; die behaarten Blätter von Wollziest

(*Stachys byzantina*) oder die größeren, glatteren Blätter der Königskerze (*Verbascum bombyciferum*) harmonieren sehr gut mit dem silbrigen Blau des Blaustrahlhafers (*Helictotrichon sempervirens*) und Blauschwingels (*Festuca glauca* 'Elijah Blue').

Weitere Wirkung kann durch größere Einzelexemplare erzielt werden, die sich aus einem Teppich niederwüchsiger Arten erheben (*siehe S. 22-23*). Alle Arten des hohen Pfeifengrases oder des mittelhohen bis hohen Chinaschilfs lassen sich als Solitär zwischen Gruppen aus *Hakonechloa macra* oder Blauschwingel pflanzen. Das Pampasgras (*Cortaderia richardii*) mit seinem hellgrünen Laub inmitten einer Gruppe dunkel belaubter Rasenschmiele erzielt immer eine große Wirkung.

WIESEN UND WILDBLUMENGÄRTEN

GÄRTEN MIT WILDBLUMEN entstammen oft dem Wunsch, heimische Arten zu schützen. Selbst eine kleine Fläche im Rasen trägt zu ihrem Schutz bei und lockt außerdem eine Vielzahl von meist nützliche Insekten sowie andere Wildtiere in den Garten. Die Wachstumsbedingungen bestimmen, welche Pflanzen gedeihen und an dem Standort natürlich aussehen. Aber vergessen Sie nicht, den Schwerpunkt auf die Massenwirkung und weniger auf Einzelpflanzen zu legen.

WIESEN ANLEGEN

Rasen und Wiesen werden gemäht, aber die Häufigkeit des Grasschnitts entscheidet, wie viele Wildblumen zwischen den Gräsern wachsen. Je seltener gemäht wird, desto mehr Wildblumen werden erscheinen.

> Wildblumen, umsäumt
> von einer gemähten
> Fläche, sehen hübsch aus

Rasen mit Wildblumen lassen sich einfach gestalten, indem Sie weniger mähen, den ersten Schnitt im Hochsommer durchführen und das Gras bis Frühherbst, wenn die Herbstkrokusse blühen, etwa 10 cm hoch halten. Sogar auf klassischen Rasenflächen erscheinen Gänseblümchen, Butterblumen, Braunellen und oft Schlüsselblumen sowie Primeln. Diese Blumen drängen sich ganz schnell in den Vordergrund, wenn das Gras nicht geschnitten wird. Man kann zusätzlich einige heimische Wildblumen pflanzen, die man vorgezogen kauft und ins Gras einsetzt. In kleinen Gärten sehen Rasen mit Wildblumen am besten aus, wenn sie von einem Streifen gemähten Grases umgeben sind.

BLÜHENDE WIESE

Eine Wiese mit Wildblumen in voller Blüte ist ein hübscher Anblick und eine reiche Nektarquelle für Bienen und Schmetterlinge.

▲ DIE RICHTIGE MISCHUNG
Gräser sind selbst Wildblumen und bilden das Rückgrat für die Bepflanzung von Wiesen. Struktur und Farbe ihrer Blütenstände lassen sich gut mit auffälligeren Blüten kombinieren.

▶ WILDE LANDSCHAFT
Eine offene Sonnenlage ist ideal für Wildblumenwiesen, z.B. in einem Gartenteil, der im Blickfeld ist, aber selten benutzt wird. Bäume können Wildblumengruppen zusätzlich unterstreichen.

Wiesen sind im Allgemeinen größer und bestehen aus höheren Gräsern und Wildblumen. Sie werden nur im Frühsommer und Herbst gemäht.

WILDBLUMENGÄRTEN ANLEGEN
Wildgärten sehen verwildert aus, auch wenn sie es nicht sind. Im Wesentlichen pflanzt man exotische oder Kulturarten zusammen mit heimischer Vegetation. Dabei ziehen die einzelnen Pflanzen mehr Aufmerksamkeit auf sich als in einer Wildblumenwiese oder auf dem Rasen.

In einem charakteristischen Wildgarten sollten große Pflanzen wie Fackellilien und Wiesenkerbel, derbe Gräser wie Pampasgras (*Cortaderia selloana*), Chinaschilf (*Miscanthus sinensis*) oder Gruppen von Herbstkrokussen in kurz geschnitten Rasenflächen verwildert werden.

GRÄSER ALS SOLITÄRPFLANZEN

DIE MEISTEN GRÄSER sehen in Gruppen am besten aus, aber viele sind ausgezeichnete Solitärpflanzen – Pflanzen, die wegen ihrer Schönheit kultiviert oder als Mittelpunkt in eine Rabatte gepflanzt werden, wo ihre einzigartigen Eigenschaften zur Geltung kommen. Einzelpflanzen ziehen den Blick auf sich oder auf einen besonderen Bereich im Garten bzw. lenken von einem weniger schönen Teil ab. Auch lassen sich unansehnliche Elemente damit gut kaschieren.

NICHT NUR PAMPASGRAS

Die strenge Form und die hohen, hübschen Blütenschöpfe des Pampasgrases (*Cortaderia selloana*) sind wahrscheinlich das Erste, woran man denkt, wenn Gräser als Einzelpflanzen erwähnt werden, obwohl sich viel mehr Arten dafür eignen. Große Gräser wie Pfahlrohr (*Arundo donax*) und Chinaschilf (*Miscanthus sinensis*) sind ausgezeichnete Solitärpflanzen, auch Bambusarten wie Schirmbambus (*Fargesia murieliae*) und Gelbfurchenbambus (*Phyllostachys bambusoides* ‘Castillonis’).

Hohe Einzelpflanzen werden oft in kleinen Inselbeeten auf einem Rasen kultiviert, während kleinere Formen wie Chinaschilf

HERBSTFARBEN
Das federartige Aussehen dieser hohen Blütenstände zieht die Blicke auf sich und hebt auch die Form der Nachbarpflanzen hervor.

(*Miscanthus sinensis* ‘Gracillimus’) und Federborstengras (*Pennisetum alopecuroides*) in Kiesbeete gepflanzt werden, die man inmitten von gepflasterten Bereichen anlegen kann. Viele lassen sich als Solitäre verwenden, wenn

---

Solitärgräser brauchen gute Pflege

---

sie in größeren Kübeln gezogen werden. Seggen wie *Carex oshimensis* ‘Evergold’ und *C. testacea*, aber auch *Hakonechloa macra* können zu diesem Zweck gepflanzt werden.

Wichtig bei der Auswahl ist, dass diese Gräser immer dekorativ aussehen müssen. Das bedeutet, sich um das Düngen, Gießen und die jährliche Pflege (*siehe S. 53*) zu kümmern. Welkes Laub und abgebrochene Halme, die an der Pflanze verbleiben, würden ihre Erscheinung beeinträchtigen.

EINIGE VORSCHLÄGE

Arundo donax Sehr hohes, blaugrünes Gras.
Chusquea couleou Überhängender Bambus.
Cortaderia Große und auffallende Gräser mit schmalen Blättern und silbernen Blütenschöpfen.
Fargesia Eleganter Bambus mit bunten Halmen.
Hakonechloa macra 'Alboaurea' Goldene Form, geeignet für Kübel.
Miscanthus sinensis Gute Sorten wie 'Strictus' und var. *condensatus* 'Cosmopolitan'.
Pennisetum alopecuroides Niedrige Form.
Phyllostachys bambusoides 'Castilonis' Bambus mit sehr bunten Halmen.
Phyllostachys nigra Bambus mit schwarzen Halmen.
Semiarundinaria fastuosa Aufrechter Bambus.
Stipa gigantea Federartige Blütenstände.

◄ AUFGEPASST!
Streng aufrechte Pflanzen lassen den Blick innehalten; Miscanthus sinensis 'Morning Light' als Mittelpunkt der farbenfrohen Bepflanzung.

▼ HÜBSCHER GRÜNER RIESE
Die überhängenden Blätter des hohen China-schilfs (Miscanthus sinensis) fangen das Licht ein und lassen die Pflanzen darunter leuchten.

BAMBUS IM GARTEN

GERÄUSCHE UND BEWEGUNG sind zwei der wesentlichen Beiträge, die Bambus im Garten leistet. Die Blätter rauschen geheimnisvoll bei jedem Windhauch und wiegen sich anmutig in jedem Windstoß. Die größten Bambusarten bilden elegante Horste mit glänzenden, oft leuchtend gefärbten Halmen, die oben herabhängende Blätter tragen. Die kleinsten Bambusarten bilden Miniatur-Gehölze mit grasartigen grünen Blättern – sie sollten am besten in Kübeln gezogen werden.

RIESEN- UND ZWERGBAMBUS

Bambus kann sogar in kühlen Regionen riesengroß werden, wie *Phyllostachys edulis* mit 20 m Höhe, oder nicht mehr als 30 cm erreichen wie *Pleioblastus akebono*. Zwischen diesen Extremen gibt es eine Vielfalt an Pflanzen, manche mit bunten Halmen, andere mit panaschiertem Laub. In der Regel wird Bambus jedoch wegen seines einheitlichen Grüns geschätzt.

Hohe Bambusarten haben eine baumähnliche Erscheinung und werden oft als Einzelpflanzen im Rasen kultiviert; Horst bildende Arten mit kaskadenartig fallenden Blättern wie *Chusquea culeou* und *Thamnocalamus crassinodus* eignen sich dafür. Viele bilden auch ausgezeichnete Hecken oder Sichtschutzwände, die nicht geschnitten werden

müssen. Zu den besten Arten für Hecken zählen *Phyllostachys bissetii*, die im Winter frisch und grün bleibt, *Fargesia nitida* und *F. murielae*, *Pseudosasa japonica* sowie

Mit palmenähnlichen Begleitern schafft Bambus eine tropische Atmosphäre

Pleioblastus simonii. Beim Bambus handelt es sich um Flachwurzler. Er kann deshalb in

VERSCHIEDENE PFLANZEBENEN *Bambuspflanzen ziehen den Blick in den Himmel. Betonen Sie das, indem Sie dekorative Bodendecker wie diese Miniatur-Rhododendren pflanzen.*

◀ GOLDENE HALME
Eine vollkommen grün belaubte Ecke wird von den Halmen und den herabhängenden Blättern des Phyllostachys vivax *erhellt.*

▼ SILHOUETTEN IN SILBERTÖPFEN
Innenhof-Gärten sind der ideale Standort für Bambuspflanzen. Sie passen zur modernen Architektur und bringen ein Gefühl der Exotik.

WEITERE BAMBUSARTEN

Phyllostachys aureosulcata 'Aureocaulis' and 'Spectabilis' Hohe und Horst bildende Sorten mit gelben Halmen.

Phyllostachys bambusoides 'Castillonis' Hoch mit sehr farbenfrohen gelben Halmen.

Pleioblastus auricomus Hoch mit violett rötlichen Halmen und auffällig gestreiften Blättern.

Pleioblastus variegatus Niedrig, bis zu 1,5 m hoch mit panaschierten Blättern.

Semiarundinaria fastuosa Hoch und stattlich, mit grünen, später violett rötlichen Halmen.

der Nähe von Gebäuden gepflanzt werden. In Kombination mit Palmen wie Geleepalme (*Butia capitata*), Zwergpalme (*Chamaerops humilis*) und Hanfpalme (*Trachycarpus fortunei*) sowie der Japanischen Banane (*Musa basjoo*) und *Hedychium* sorgen Bambuspflanzen für ein tropische Wirkung.

KULTUR VON BAMBUS

Während die meisten Ziergräser sich mit mageren Böden zufrieden geben, brauchen Bambuspflanzen gute Pflege. Ihre Grundbedürfnisse sind Schutz vor starken Winden und gute Bodendrainage. Diese Flachwurzler benötigen einen Boden, der die Feuchtigkeit hält, und sind für eine Mulchschicht aus organischem Material dankbar. Mit Hilfe dieser Maßnahmen wird ein Bambus innerhalb weniger Jahre zu seiner vollen Höhe gewachsen sein.

BINSEN UND SEGGEN

O BWOHL SIE DURCH MILLIARDEN VON JAHREN DER EVOLUTION von den Süßgräsern getrennt sind, besitzen Seggen und Binsen äußerlich Ähnlichkeit mit
den Gräsern. Zudem erweitert ihre Vorliebe für Feuchtigkeit und schattige Lagen
die Vielfalt an grasähnlichen Pflanzen. Im Allgemeinen bilden Seggen überhängende
Tuffs aus grundständigen Blättern, einige sind aber auch von kriechendem Wuchs,
während Binsen kaum mehr als Bündel hohler, zylindrischer Stängel formen.

EIN VERGLEICH

Seggen stellen eine kleinere Pflanzengruppe
dar als Gräser. Sie sind meist kleine Gewächse
von weniger als 30 cm Höhe und wachsen
am besten in schattigen, feuchten Lagen;
panaschierte Sorten entwickeln sich im
Schatten prächtig. Binsen bilden eine noch
kleinere Pflanzenfamilie und lieben Feuchtigkeit; sie gedeihen nur auf nassem Boden
oder wenn sie im Wasser stehen. Deshalb
werden Binsen an Teichufern oder anderen
Gewässern gepflanzt, wo ihre aufrechte
Erscheinung einen Kontrast zu der horizontalen Linie des Wasser bildet.

Seggen werden hauptsächlich wegen ihrer
Blätter kultiviert, die meist starrer als die
der Gräser und Immergrünen sind. Auch
ihre Blüten sehen völlig anders aus. Sie lassen

> Binsen sind Wasser pflan-
> zen, die am liebsten die
> Füßen im Wasser haben

die luftige Anmut der Süßgräser vermissen,
eignen sich aber gut für schattige Bereiche,
wo Süßgräser nicht gedeihen.

▲ FARBENVIELFALT *Diese beliebten Seggen,*
Carex comans *in Bronze und* C. ornithopoda
'Variegata', *bestechen durch ihre bunten und
panaschierten Blätter.*

▶ SEGGEN IN DER RABATTE
*Die Steife Segge (*Carex elata 'Aurea'*) ist eine
Staude mit leuchtenden Blättern, die durch die
dunkle Hecke hervorgehoben werden.*

WIRKUNGSVOLLE GESTALTUNG

Manche Seggen – meist aus Neuseeland – sind echte Sonnenanbeter und sehen in auffallenden Gruppen aus Bronze, Weiß oder Grün, betont durch Einzelpflanzen wie Keulenlilie und Südseemyrte *(Leptospermum)* eindrucksvoll aus.

Die meisten Seggen, die Schatten lieben, haben bunte oder panaschierte Blätter und lassen sich gut mit Farnen, Nieswurz, Lungenkraut, Efeu und Bambus kombinieren. Sie können in Gruppen als Bodendecker oder einzeln gepflanzt werden, um eine Verbindung zwischen den Blütenpflanzen herzustellen.

Binsen werden als Einzelpflanzen in oder am Wasser verwendet. Wählen Sie Gartensorten wie Teichsimse *(Schoenoplectus)* oder Flatterbinse *(Juncus effusus* 'Spiralis'), da viele natürlich vorkommende Arten Pflanzen sind, die den Boden stark entwässern.

▶ ZWERGROHRKOLBEN
Der pflegeleichte Zwergrohrkolben (Typha minima) ist für einen kleinen Teich geeignet. Die Blütenstände eignen sich für die Vase.

▲ GESTREIFTE SIMSE
Die Graue Teichsimse (Schoenoplectus lacustris ssp. tabernaemontani 'Zebrinus') ist eine hübsche gestreifte Form der Simse.

EMPFEHLUNG

Carex berggrenii Silberbraune Blätter.
C. buchananii Eingerollte oder gekräuselte Blätter.
C. comans Verschiedene bunte Sorten.
C. elata 'Aurea' Überhängende gelbe, gestreifte Blätter.
C. grayi Spitze, keulenförmige Blütenstände, geeignet für Blumensträuße.
C. morrowii 'Variegata' Weiß gestreifte Blätter; 'Fisher's Form' hat cremefarbene Streifen.
C. muskingumensis Gelbliches Laub; 'Oehme' hat golden umsäumte Blätter.
C. oshimensis 'Evergold' Cremegrüne Blätter.
C. petriei Blasse, rosabraune Blätter.
C. siderosticha 'Variegata' Weiß gestreifte Form.
Juncus decipiens 'Curly-wurly' Binse mit stark verdrehten grünen Stängeln, wie Drahtwolle; *J. inflexus* 'Afro' ist ähnlich, aber graugrün.
Schoenoplectus lacustris subsp. *tabernaemontani* Für nasse Böden oder im Wasser.

DIE GESTALTUNG ERWEITERN

I N ANBETRACHT DER TATSACHE, dass Ziergräser ursprünglich in Gärten integriert wurden, um die Blütenpracht der klassische Stauden zusätzlich zu erweitern, ist es paradox, dass ihre Blütezeit sich auf Hochsommer bis Spätherbst beschränkt. Deshalb ziehen die Gräser selbst Nutzen von der Kombination mit Stauden, die früher oder später im Jahr blühen. Die Nähe zu Hecken oder geometrisch geschnittenen Formen ermöglicht weitere Gestaltungsideen.

SAMEN ANSETZEN

Gräser bieten bis in den Herbst einen schönen Anblick, weil ihre im Spätsommer erscheinenden Blüten sich rasch in Samenstände verwandeln. Da sie trocken sind, können sie mehrere Monate halten. Deshalb sehen die meisten Gräser nicht nur während des Sommers und Herbstes attraktiv aus, sondern bleiben auch im Winter dekorativ.

Im Winter kann die Wirkung der Samenstände von Gräsern besonders hervorgehoben werden, wenn sie zusammen mit Stauden wachsen, deren Samenhülsen oder vertrocknete Sprossteile ebenfalls interessant sind und deren Form oft einen Kontrast zu denen der Gräser bildet. Am besten eignen sich Doldenblüter wie Fenchel (*Foeniculum vulgare*), Wiesenkerbel (*Anthriscus sylvestris*), Waldengelwurz (*Angelica sylvestris*) und *Selinum wallichianum* sowie verschiedene Korbblütler wie Mädchenauge (*Coreopsis verticillata*), Sorten der Sonnenbraut, Sonnenhut (*Rudbeckia fulgida* 'Goldsturm' und *R. maxima*) und Sorten der Raublattaster (*Aster novae-*

SCHNEEBEDECKTE SAMENSTÄNDE
Die Schöpfe des Pampasgrases sind kräftig und wasserbeständig und halten im Winter. Entfernen Sie unschöne abgebrochene Halme.

SAMENSTÄNDE IM WINTER

Calamagrostis brachytricha Rote Samenstände.
Miscanthus sinensis Schopfartige Samenstände.
Panicum virgatum Wolkenähnliche Samenstände.
Pennisetum alopecuroides Schwanzartige Samenstände.
Phalaris arundinacea Aufrechte Samenstände.
Spartina pectinata 'Aureomarginata' Rötlich braune Samenstände.
Spodiopogon sibiricus Gräulich gefärbte Samenstände.

angliae). Weitere geeignete Stauden sind Brandkraut (*Phlomis samia*), Wasserdost (*Eupatorium purpureum*), Fetthenne (*Sedum spectabile*) und Sorten des Kandelaber-Ehrenpreises (*Veronicastrum virginicum*).

START IN DEN FRÜHLING

Da Gräser sehr lange Zeit attraktiv bleiben, ist es von Nachteil, dass sie zurückgeschnitten werden müssen, wenn der Frühling vor der Tür steht. Das ist eine wichtige Maßnahme im Spätwinter, damit die Pflanzen

neu austreiben. In Gärten mit größeren Gruppen kann der Rückschnitt große Flächen mit kahler Erde hinterlassen. Abhilfe schafft das Pflanzen von früh

PLATZ FÜR FRÜHLINGSBLÜHER
Weisen die Gräser im Frühjahr eine Lücke auf, so pflanzen Sie dazwischen Zwiebelgewächse wie diese dunklen Tulpen.

Die trockenen Samen- stände von Gräsern sind lange haltbar

blühenden Zwiebelgewächsen, wobei die Wuchskraft der Zwiebelpflanzen im Gleichgewicht zur Wuchskraft der Gräser, zwischen denen sie gepflanzt wurden, stehen sollte. Die Frühlingsblüher werden im Herbst eingepflanzt.

Die Saison wird im Spätwinter beispielsweise mit Schneeglöckchen eröffnet, die im Frühjahr mit einer Auswahl an Krokussen fortgesetzt wird. Diesen folgen im zeitigen bis späten Frühjahr Narzissen und dann Tulpen. Schließlich erscheinen die aufrechten Blütenkerzen der Prärielilie (*Camassia*).

GUTE BEGLEITER

Bergenia Viele Formen mit rosa Blüten im Frühjahr und immergrünen, paddelförmigen Blättern.

Camassia quamash Leuchtend blaue, ährenförmige Blütenstände im Spätfrühling.

Cimicifuga Weiße, aufrechte Ähren im Herbst.

Lavandula Duftendes Immergrün mit malvenfarbenen Blütenähren im Sommer.

Liriope muscari Violette Ähren im Herbst, breite, grasähnliche, immergrüne Blätter.

Perovskia 'Blue Spire' Silbriger Strauch mit violetten Blüten im Spätsommer und Herbst.

Sedum 'Herbstfreude' Flache, rosa gehauchte Blütenstände im Herbst.

× *Solidaster* Gelbe Blütenkörbe von Hochsommer bis Frühherbst.

Verbascum Hohe Blütenkerzen gewöhnlich in Gelb, silbrige Blätter im Sommer.

PFLANZPLÄNE UND -SCHEMEN

DIE WAHL DES PFLANZSTILS

DER SCHLÜSSEL FÜR EINE ERFOLGREICHE GESTALTUNG ist, dass Sie die geeigneten Pflanzen für Ihren Boden auswählen und deren Wachstumsbedingungen beachten. Zudem sollten Pflanzen in einer Gruppe die gleichen Ansprüche haben. Beginnen Sie mit der Festlegung des Bereiches, den Sie mit Gräsern gestalten wollen – ist dieser schattig oder sonnig, nass oder trocken? – und nehmen Sie die Ideen auf den folgenden Seiten zu Hilfe beim Entwurf eines Plans.

GRÄSER- UND BAMBUSBEETE

Wenn man Gräser in klassischem Design pflanzte, wurden sie im Allgemeinen um Stauden und Sträucher herum oder inmitten von diesen platziert. Mit der Zeit rückten sie jedoch weiter in den Mittelpunkt und bildeten ein dominantes Element. Bei dieser Art moderner Gartengestaltung kommt es vor allem auf die gegensätzlichen Formen und Strukturen der Gräser an; Farbe spielt dabei eine nebensächliche Rolle

Ein Gleichgewicht zwischen Gräsern und anderen Stauden erreicht man am besten, wenn eine Bepflanzung etwa zu einem Fünftel aus Grasarten besteht, die ausgewählt werden, um auch nach dem Sommer einen interessanten Anblick zu bieten (*siehe S. 28-29*).

LEISER GESANG
Formen und Strukturen herrschen in dieser Rabatte, die nur mit Gräsern bestückt wurde, vor. Sie wiegen und vermischen sich mit jedem Windhauch.

◄ BALANCEAKT Stipa tenuissima *mit den roten Blüten der Witwenblume (*Knautia macedonica).

MIT FARBEN GESTALTEN

Gräser mit bunten Blättern können genauso leuchten wie Sommerblumen. Wählen Sie mehrere Pflanzen gleichen Typs aus, um eine natürliche Gruppe zu gestalten, und platzieren Sie diese neben verschiedenfarbigen Arten. Bunte Gräser sehen am besten aus, wenn die Sonne sie von hinten oder von der Seite bescheint. Diese Bepflanzung ist im Sommer am schönsten.

Miscanthus sinensis 'Variegatus' (Chinaschilf) Hohes Gras, rundliche oder aufrechte Horste mit auffallenden, weiß gestreiften Blättern.

Cortaderia selloana 'Aureolineata' (Pampasgras) Gelb umsäumte Blätter, werden im Herbst von Blütenschöpfen überragt.

Panicum virgatum 'Blue Tower' (Rutenhirse) Überhängende graublaue Blätter – ausgezeichneter Hintergrund für andere Farben.

Miscanthus sinensis 'Goldfeder' Überhängende Blätter, sind breit leuchtend, gelb umsäumt.

Spartina pectinata 'Aureomarginata' Lockere Gruppen gelb umsäumter Blätter, die sich im Wind leise wiegen.

Chionochloa rubra Hohe Horste fuchsroter Blätter, intensiv im Winter.

Phalaris arundinacea var. picta 'Feesey' Leuchtende, weiß panaschierte Blätter, im Frühjahr rosa überhaucht.

Alopecurus pratensis 'Aureovariegatus' Satt gelbe, grün gestreifte Blätter. Fuchsschwanzähnliche Blüten.

Calamagrotis × acutiflora 'Overdam' Dichte Büschel aus weiß gestreiften Blättern, im Frühjahr rosa getönt.

Phormium tenax Purpureum Group Ein auffallendes Strukturelement.

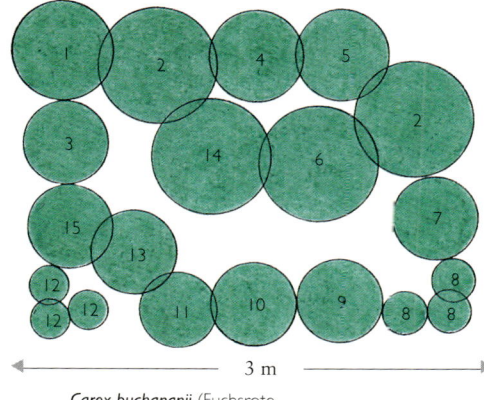

HELICTOTRICHON SEMPER-
VIRENS *Der Blaustrahlhafer*
trägt seine strohfarbenen
Blütenstände auf schlanken,
überhängenden Halmen.

PFLANZPLAN

1 *Miscanthus sinensis* 'Variegatus', 1,8 m hoch
2 *Cortaderia selloana* 'Auroelineata', 1,7 m hoch
3 *Chionochloa rubra*, 1,5 m hoch
4 *Miscanthus sinensis* 'Goldfeder', 2 m hoch
5 *Spartina pectinata* 'Aureomarginata', 1,7 m hoch
6 *Panicum virgatum* 'Blue Tower', 1,8 m hoch
7 *Carex buchananii*, 50 cm hoch
8 *Festuca glauca* 'Elijah Blue', 30 cm hoch
9 *Imperata cylindrica* 'Rubra', 30 cm hoch
10 *Hakonechloa macra* 'Alboaurea', 30 cm hoch
11 *Helictotrichon sempervirens*, 1,2 m hoch
12 *Alopecurus pratensis* 'Aureovariegatus', 30 cm hoch
13 *Calamagrostis* x *acutiflora* 'Overdam', 1,8 m hoch
14 *Phormium tenax* Purpureum-Gruppe, 2,4 m hoch
15 *Phalaris arundinacea* var. *picta* 'Feesey', 1,5 m hoch

2,2 m

3 m

Carex buchananii (Fuchsrote
Segge) Niedrig, ganzjährig
mit schönen Blättern in
kräftigem Fuchsrot.

Hakonechloa macra
'Alboaurea' Gruppen
überhängender,
goldgelber Blätter.

Imperata cylindrica 'Rubra'
Blätter mit roten Spitzen
im Frühjahr, werden im
Hochsommer blutrot.

Festuca glauca 'Elijah
Blue' (Blauschwingel)
Intensiv blaue Blätter.
Gedeiht am besten
in Sand- oder Kies-
boden.

WEITERE AUSWAHL

Glyceria maxima var.
 variegata
Hakonechloa macra
 'Aureola' und
 'Mediovariegata'
Holcus mollis
 'Albovariegatus'
Miscanthus sinensis
 'Dixieland' und 'Strictus'
Phalaris arundincea var.
 picta 'Luteopicta'
Sorghastrum nutans
 'Sioux Blue'

KIESGÄRTEN

Dieser Gartentyp wird ein Erfolg, wenn er in dem sonnigsten, durchlässigsten Bereich des Gartens angelegt wird. Arbeiten Sie den Kies bis zu einer Tiefe von 30-40 cm ein, um eine gute Durchlässigkeit zu erreichen und den Boden zu verbessern (*siehe S. 48*). Gräser und andere Stauden, die sich für Kiesgärten eignen, würden in fruchtbaren, gut gedüngten Böden nicht gut gedeihen.

PFLANZPLAN

1 Drei große, zerklüftete Felsbrocken
2 Kiesweg, der den Blick auf die Felsen lenkt.
3 *Panicum virgatum* 'Prairie Sky', 90 cm hoch
4 *Stipa gigantea*, 1,8 m hoch
5 *Festuca glauca* 'Elijah Blue', 30 cm hoch
6 *Salvia × superba*, 60 cm hoch
7 *Helictotrichon sempervirens*, 90 cm hoch
8 *Perovskia* 'Blue Spire', 1,2 m hoch
9 *Limonium platyphyllum*, 75 cm hoch
10 *Coreopsis verticillata* 'Moonbeam', 50 cm hoch
11 *Yucca filamentosa*, 75 cm hoch
12 *Pennisetum orientale*, 90 cm hoch

Panicum virgatum 'Prairie Sky' Puderig blau gefärbt; am besten in mageren, durchlässigen Böden in sonniger Lage.

Helictotrichon sempervirens Dichte Horste mit schmalen, intensiv blaugrauen Blättern.

1,8 m

3 m

Salvia × superba Intensiv indigoblaue Blütenähren, am schönsten vom Hochsommer bis Herbst.

FESTUCA GLAUCA 'ELIJAH BLUE' *Größte Sorte der Blauschwingel mit üppigem, silbrig blauen Blättern, Halmen und Blüten. Farbe ist im Winter weniger intensiv.*

Perovskia 'Blue Spire'
Büschelig; duftende und
federige Blätter. Ab
dem Hochsommer
blaue Blütenähren.

Stipa gigantea Niedrige Hügel dunkler,
immergrüner Blätter
mit hohen Halmen
goldener Blüten ab
dem Frühsommer.

Allium giganteum
Zierlauch, der von
tennisballgroßen rosapurpurnen Blütenköpfen überragt wird.

Coreopsis verticillata 'Moonbeam' Im Spätsommer
übersät mit sternförmigen,
blassgelben Blütenkörbchen.

Yucca filamentosa
Hauptsächlich wegen
der kräftigen, sukkulenten Rosetten aus
dicken, silbergrauen,
schwertförmigen
Blättern kultiviert.

Pennisetum orientale
Bildet einen gepflegten,
rundlichen Horst mit
schlaffen Blütenähren.

Limonium platyphyllum
Große, verzweigte
Blütenstände winziger
purpurblauer Blüten,
die monatelang halten;
Schnittblumen, auch
zum Trocknen.

TOPFGÄRTEN

Um einen schönen Topfgarten zu gestalten, der hier im Hochsommer dargestellt ist, wählen Sie Gefäße aus, die das Blattwerk der Gräser ergänzen und groß und tief genug sind, um den Wurzeln ausreichend Platz zu bieten. Behalten Sie innerhalb der Gruppierung denselben Gefäßstil bei, und stellen Sie die Töpfe an einem geschützten, sonnigen oder halbschattigen Platz auf.

Carex comans bronze
Ähnlich wie *Carex* 'Frosted Curls', aber fuchsrot. Der Topf muss höher gestellt werden.

Imperata cylindrica **'Rubra'** Blutrote Blätter, am besten mit Sonnenstrahlen dahinter, die hindurchscheinen. Braucht entsprechende Feuchtigkeit.

PFLANZPLAN

1 *Miscanthus sinensis* 'Morning Light', 1,5 m hoch
2 *Carex comans* 'Frosted Curls', 45 cm hoch
3 *Carex comans* 'Bronze', 45 cm hoch
4 *Imperata cylindrica* 'Rubra', 30 cm hoch
5 *Hakonechloa macra* 'Alboaurea', 23 cm hoch
6 *Helictotrichon sempervirens*, 90 cm hoch
7 *Pennisetum villosum*, 60 cm hoch

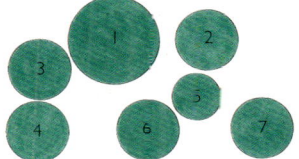

Miscanthus sinensis 'Morning Light' Bildet pilzförmige Horste aus sehr schmalen, weiß umsäumten Blättern. Ideal für große Kübel.

Helictotrichon sempervirens Der symmetrische Umriss mit strahligen, bläulichen Blättern ergänzt Terrakotta-gefäße perfekt.

Carex comans 'Frosted Curls' Bildet Horste aus langen, weißlich grünen, haarähnlichen Blättern, die sich über den Topfrand ausbreiten und herabhängen. Der Topf muss höher gestellt werden, damit eine Kaskade entsteht.

Hakonechloa macra 'Albo-aurea' Bildet Hügel über-hängender Blätter, die sich im Herbst rot färben.

WEITERE AUSWAHL

Carex oshimensis 'Evergold'
Carex penaula
Festuca
Juncus
Leymus arenarius
Molinia caerulea
  'Variegata'
Pennisetum setaceum
  'Rubrum'
Phalaris arundinacea
  var. *picta*
Phyllostachys nigra
Sasa veitchii
Typha minima

Pennisetum villosum Dauerhafte Fracht schlaffer, fast weißer Blüten von Frühsommer bis zum ersten Frost. Hat eine leicht aus-lacende Form, breiter als höher.

SCHATTIGE BEREICHE

Viele Gräser vertragen Schatten, sogar solche, die als Sonnenanbeter gelten; sie können im Schatten eine ungewöhnliche Wuchsform entwickeln wie *Calamagrostis × acutiflora* 'Karl Foerster' – aufrecht in der Sonne, aber leicht überhängend im Schatten. Dann gibt es Gräser, die nur im Schatten gedeihen. Sorten mit leuchtendem Laub können einen schattigen Bereich erhellen.

Fargesia murielae
Der Schirmbambus bildet fontänenartige Büschel mit zarten grünen Blättern.

Calamagrostis brachytricha
Rosa Blüten und lockere Strukturen

Spodiopogon sibiricus
Silbrig purpurnen Blüten folgt schöne Herbstfärbung.

Hakonechloa macra
'Alboaurea' Überhängende Hortse gelber und grüner Blätter. Das Gras verträgt jede schattige Lage, außer trockenen Schatten.

Luzula sylvatica
'Aurea' Leuchtend gelbe, bodendeckende Waldsimse.

Chasmanthium latifolium Hängende Blüten mit platt gedrückten Ährchen. Am besten in Gruppen pflanzen.

Poa colensoi
Eine ungewöhnliche Farbe für ein Schatten liebendes Gras.

**Calamagrostis ×
acutiflora 'Karl
Foerster'**
Büschel dunkler,
immergrüner
Blätter und
gelbe Blüten.

**Deschampsia cespitosa
'Goldschleier'** Die in
der Sonne aufrechten
Halme hängen im
Schatten sanft über.

**Molinia caerulea
susbp. arundinacea
'Bergfreund'**
Nebelhafte Schöpfe
winziger, grauer
Blüten. Blätter färben
sich im Herbst
buttergelb.

PFLANZPLAN

1 *Fargesia murieliae*, 3,6 m hoch
2 *Luzula sylvatica* 'Aurea', 45 cm hoch
3 *Calamagrostis × acutiflora* 'Karl Foerster', 1,5 m hoch
4 *Molinia caerulea* subsp. *arundinacea* 'Bergfreund',
  1,8 m hoch
5 *Pleioblastus variegatus* 'Tsuboii', 1,2 m hoch
6 *Deschampsia cespitosa* 'Goldschleier', 1,2 m hoch
7 *Carex oshimensis* 'Evergold', 45 cm hoch
8 *Milium effusum* 'Aureum' × 5; 30 cm hoch
9 *Hakonechloa macra* 'Alboaurea', 23 cm hoch
10 *Spodipogon sibiricus*, 1,2 m hoch
11 *Calamagrostis brachytricha*, 1.2m hoch
12 *Chasmanthium latifolium*, 60 cm hoch
13 *Poa colensoi* × 3; 30 cm

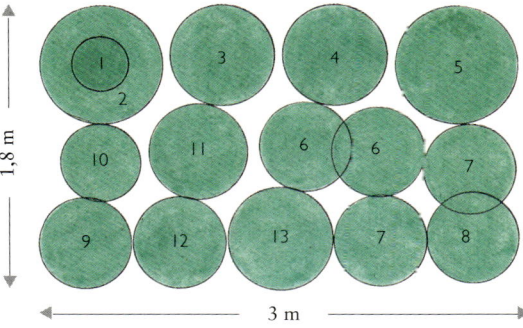

**Pleioblastus variegatus
'Tsuboii'** Leuchtender, weiß
panaschierter Bambus, der
den Blick in den Schatten-
bereich lenkt. Bei Vollsonne
verbrennt er.

WEITERE AUSWAHL

Calamagrostis brachytricha
Carex morrowii 'Variegata'
Carex pendula
Chimonobambusa marmorea
Chusquea celeou
Fargesia nitida
Hakonechloa macra
Imperata cylindrica
Luzula sylvatica 'Hohe
  Tatra' und 'Marginata'
Melica uniflora
Phyllostachys aurea
Pleioblastus auricomus
Sasa veitchii
Semiarundinaria fastuosa
Uncinia rubra

**Carex oshimensis
'Evergold'** Immer-
grüne Büschel
glänzender, creme-
gelber Blätter, die
dunkelgrün
umsäumt sind.

Milium effusum 'Aureum'
Die ganze Pflanze ist im
Frühsommer zart gelb.

TEICHE UND ANDERE WASSERSTELLEN

Dieses einem Amphitheater gleichende
Wasserelement, hier im Hochsommer
dargestellt, bildet eine Bühne aus
schlanken Gräsern und Blütenstauden,
die von einem Hintergrund aus hohen
Gräsern eingerahmt wird. Die vertikale
Erscheinung der hohen Gräser harmo-
niert mit der horizontalen Wasseroberfläche. Blütenstauden bringen viel
Farbe.

Arundo donax
Stark aufrecht mit
sehr breiten, grau-
grünen Blättern.

**Astilbe 'Bressingham
Beauty'** Farnartige
Blätter und große Rispen
federartiger, leuchtend
rosa Blüten.

**Ligularia dentata
'Desdemona'**
Große, runde
Blätter und leuch-
tend orange
Blütenkörbchen.

Miscanthus × giganteus
Üppige Blätter sorgen für
eine tropische
Wirkung.

**Schoenoplectus
lacustris** subsp.
**tabernaemontani
'Zebrinus'**
Gestreifte,
aufrechte Halme.

**Juncus effusus
f. spiralis** Binse mit
korkenzieherartigen
Halmen.

PFLANZPLAN

1 *Arundo donax*, 4,5 m hoch
2 *Miscanthus × giganteus*, 3,3 m hoch
3 *Miscanthus sinensis* 'Variegatus', 1,5 m hoch
4 *Miscanthus sinensis* 'China', 1,5 m hoch
5 *Ligularia dentata* 'Desdemona', 1 m hoch
6 *Astilbe* 'Bressingham Beauty', 1,2 m hoch
7 *Glyceria maxima* var. *variegata*, 1,8 m hoch
8 *Juncus effusus* f. *spiralis*, 30 cm hoch
9 *Acorus calamus* 'Argenteostriatus', 90 cm hoch
10 *Schoenoplectus lacustris* subsp. *tabernaemontani*
   'Zebrinus', 1,5 m hoch
11 *Zantedeschia aethiopica* 'Crowborough', 90 cm hoch
12 *Typha minima*, 65 cm hoch

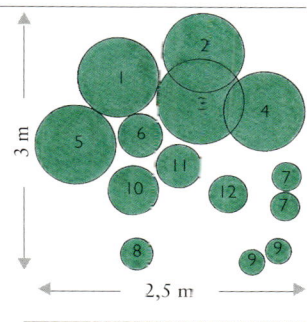

3 m

2,5 m

Miscanthus sinensis 'China'
Weinrote Blüten im Hoch-
sommer, die zunächst silbern,
dann lohfarben verblassen.
Die Sorte wird eher wegen
ihrer Blüten kultiviert.

**Zantedeschia aethiopica
'Crowborough'** Große,
weiße Blattscheide über
dunkelgrünem Laub.

Typha minima
(Zwergrohr-
kolben) Der
zierlichste der
Rohrkolben,
geeignet für
nassen
Boden oder
Wasser.

**Glyceria maxima
var. variegata**
(Wasserschwaden)
Panaschierte Blätter,
jung leuchtend rosa,
später zu Creme
verblassend.

**Acorus calamus
'Argenteostriatus'**
Auffallende, irisähnliche,
weiß gestreifte Blätter.

MISCANTHUS SINENSIS
'VARIEGATUS' *Dieser
panaschierte Chinaschilf mit
üppigen Blättern schafft eine
subtropische Atmosphäre*

WEITERE AUSWAHL

*Carex pendula
Carex riparia* 'Variegata'
*Cyperus longus
Eriophorum angustifolium
Imperata cylindrica* 'Rubra'
Juncus inflexus 'Afro'
Phragmites australis
   'Variegatus'
Schoenoplectus lacustris
ssp. *tabernaemontani*
'Golden Spear'
*Typha angustifolia
Typha latifolia*
   'Variegata'

DAS GANZE JAHR SCHÖN

Gräser erreichen ihren Höhepunkt im Sommer. Ihre Blütenstände vertrocknen schnell und bilden attraktive Samenstände. Viele halten über den Winter und wirken interessanter, wenn sie mit Pflanzen kombiniert werden, deren abgestorbene Teile ebenfalls dekorativ aussehen. Bepflanzungen können im zeitigen Frühjahr mit Hilfe von Frühlingsblumen belebt werden.

PFLANZPLAN

1 *Phyllostachys aureosulcata* 'Aureocaulis', 3,5 m hoch
2 *Calamagrostis × acutiflora* 'Karl Foerster', 1,5 m hoch
3 *Cortaderia selloana* 'Pumila', 1,5 m hoch
4 *Stipa gigantea*, 1,8 m hoch
5 *Miscanthus sinensis* 'Ferner Osten', 1,2 m hoch
6 *Eupatorium purpureum* 'Gateway', 1,8 m hoch
7 *Lythrum virgatum* 'Dropmore Purple', 1,2 m hoch
8 *Panicum virgatum* 'Blue Tower', 2,7 m hoch
9 *Perovskia* 'Blue Spire', 1,2 m hoch
10 *Liatris spicata*, 90 cm hoch
11 *Carex petriei* × 2; 30 cm hoch
12 *Rudbeckia fulgida* 'Goldsturm', 60 cm hoch
13 *Pennisetum orientale* × 3; 90 cm hoch
14 *Sedum* 'Herbstfreude', 60 cm hoch
15 *Pennisetum alopecuroides* 'Woodside', 80 cm hoch
16 *Miscanthus sinensis* 'Little Kitten', 30 cm hoch

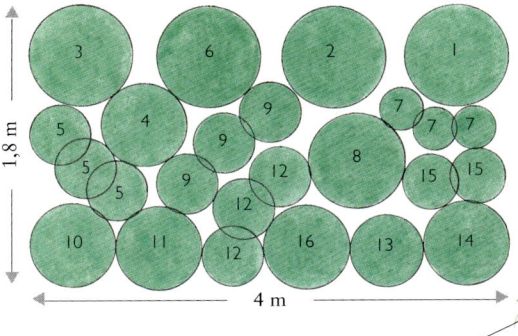

Cortaderia selloana 'Pumila'
Helle, auffällige Blütenschöpfe, die im Spätsommer erscheinen und bis nächsten Frühling halten.

Stipa gigantea
Dunkle, immergrüne Blätter und hohe Stängel goldener Blütenstände.

Perovskia 'Blue Spire'
Strauch duftender, silberner Blätter, die von blauen Blütenähren überragt werden.

1,8 m

4 m

Miscanthus sinensis 'Ferner Osten' Die Blüten sind anfangs karminrot, werden dann silber, schließlich lederfarben. Sie halten den Winter hindurch.

Liatris spicata Tuffs aus grasförmigen Blättern, die im Hoch- bis Spätsommer von flaschenbürstenähnlichen Ähren intensiv violetter Blüten überragt werden, die von oben nach unten aufblühen.

Carex petriei Diese Segge bildet niedrige Horste aus intensiv fuchsroten Blättern, die das ganze Jahr auffallend bleiben.

FRÜHLINGSBLUMEN

Anemone blanda
Bergenia 'Sunningdale'
Camassia quamash
Krokus
Narzissen
Doronicum orientale
Kaiserkrone
Märzenbecher
Schneeglöckchen
Tulpen

Calamagrostis × acutiflora 'Karl Foerster' Das klassische, vertikal betonte Gras.

Panicum virgatum 'Blue Tower' Hohes Gras in Blau, mit lohfarbenem Gerüst im Winter

Phyllostachys aureosulcata 'Aureocaulis' Auffälliger Bambus mit hohen, leuchtenden Halmen. Bildet das ganze Jahr, besonders im Winter, einen Blickfang.

Lythrum virgatum 'Dropmore Purple' Ähren lebhaft purpurner Blüten von Mitte bis Ende Sommer.

Sedum 'Herbstfreude' Flache Dolden rosa gefärbter Blüten; werden dunkelrot, dann braun.

Eupatorium purpureum 'Gateway' Purpurrosa Blütenstände im Spätsommer. Samenstände halten bis in den Winter.

Rudbeckia fulgida 'Goldsturm' Auffallende gelbe und braune Korbblüten, die gute Schnittblumen sind.

Miscanthus sinensis 'Little Kitten' Ideal für den vorderen Bereich einer Rabatte; hält bis in den Winter.

Pennisetum orientale Der Frühblüher bildet rosamalvenfarbene Blütenähren von Früh- bis Spätsommer.

Pennisetum alopecuroides 'Woodside' Üppige, rosa-braune Blütenstände im Spätsommer.

SOMMERBEETE

Einjährige Gräser blühen gewöhnlich viel üppiger als mehrjährige Arten und kommen in Gruppen mit kontrastierenden Blütenständen am besten zur Geltung; säen Sie die Grassamen auf mit Sand oder Farbe markierten Flächen aus, wo sie später blühen sollen. Entfernen Sie alle unbekannten Sämlinge oder Unkräuter, sobald sie im Frühjahr erscheinen. Sonnenhut, Kornblume, Spinnenpflanze und Fingerhut sind gute Begleiter.

Coix lacryma-jobi (Hiobsträne) Hohes Gras mit großen, auffallenden Samen; braucht aber lange, heiße Sommer, um reichlich Früchte zu bilden.

Pennisetum villosum Wolliges Federborstengras bildet graugrüne Horste mit struppigen Blütenständen, die zuerst eisgrün sind, dann lohfarben verblassen.

Briza maxima Großes Zittergras hat große, abgeflachte Blüten in auffälligen Rispen. Sorgt in der Gruppe früher als andere Gräser für Interesse.

Lagurus ovatus Niedrige, kleine Tuffs schlanker, aufrechter Halme mit flauschigen, ovalen Blütenständen wie winzige Hasenschwänze. Es hat eine ganz andere Form als andere Gräser.

PFLANZPLAN

1 *Coix lacryma-jobi*, bis 1,2 m hoch
2 *Pennisetum setaceum* 'Rubrum', 60 cm hoch
3 *Avena sterilis*, 1 m hoch
4 *Pennisetum villosum*, 60 cm
5 *Hordeum jubatum*, 30 cm hoch
6 *Lagurus ovatus*, 30 cm hoch
7 *Briza maxima*, 30 cm hoch
8 *Lamarckia aurea*, bis 30 cm hoch

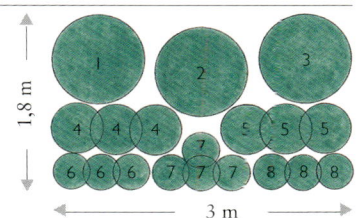

1,8 m

3 m

Pennisetum setaceum 'Rubrum'
Üppige, schokoladenbraune Blätter
und mahagonirote Flaschenbürsten-
blüten machen diese nicht winter-
harte Staude zum Mittelpunkt
dieser Gestaltung.

Avena sterilis Schlanke, überhängende Halme, von denen
Blüten in Form von weit
geöffneten Pinzetten herabhängen. Ausgezeichnete
Schnitt- und Trockenpflanzen.

Hordeum jubatum
Große, gerstenähnliche
Blüten von lebhaftem
Rosa im Hochsommer, oft
eine zweite Blüte im
Herbst. Die Samenstände
zerfallen bald.

Lamarckia aurea
Ungewöhnliches Gras
mit nach unten spitzen Blüten
in seidig gelben Ähren im
Frühsommer, manchmal
purpurn überhaucht.

PFLEGE VON GRÄSERN • 47

PFLEGE VON GRÄSERN

AUSWAHL UND KAUF VON GRÄSERN

DIE MEISTEN GRÄSER SIND EINFACH zu kultivieren. Da sie aber in einer Vielzahl verschiedener Formen erhältlich sind, deren Größen und Kulturansprüche variieren, ist es wichtig, darauf zu achten, dass die Gräser für Ihren Garten geeignet sind. Geben Sie z.B. großen Gräsern viel Platz, und pflanzen Sie Sonnenanbeter an sonnigen Stellen. Wenn Sie Zweifel haben, lesen Sie die Etiketten oder fragen Sie um Rat. Spezialzüchter können Ihnen bei seltenen Formen helfen.

WORAUF SOLL MAN ACHTEN?

Wählen Sie nur Pflanzen mit schwingenden, bunten Blättern aus. Wenn möglich, holen Sie das Gras aus dem Topf und schauen Sie sich die Wurzeln genau an; diese sollten viel Platz haben, kräftig sowie blass oder weiß sein. Es sollten sich genug Wurzeln entwickelt haben, damit sie die Erde halten; wenn sie stark verknäult sind, kaufen Sie die Pflanze nicht.

Kaufen Sie außerdem keine Gräser, deren Wurzeln dünn, braun und dicht wachsen. Pflanzen mit verfärbten oder abgestorbenen Blättern sollten Sie ebenfalls stehen lassen, außer im Herbst, wenn viele Gräser natürlich absterben. Und kaufen Sie keine Pflanze in vernachlässigtem und ausgetrocknetem Substrat, denn es wird schwierig werden, sie wieder zu durchfeuchten und einzugewöhnen.

Elastische, bunte Blätter zeigen keine Zeichen von Trockenheit oder Verfärbung.

GESUNDE PFLANZE
Prüfen Sie nicht nur die oberen Pflanzenteile, sondern achten Sie immer auf ein gesundes und gut entwickeltes Wurzelsystem.

KAUFTIPPS

• Nehmen Sie nur kräftige Pflanzen mit schönen Blättern. Sie sollten nicht kürzlich umgetopft worden sein.
• Trockene, eingerollte Blätter und verdichtete Wurzelballen sind ein Zeichen von Vernachlässigung.
• Kaufen Sie lieber kleinere Pflanzen, denn sie gewöhnen sich besser ein.
• Achten Sie darauf, dass die Pflanze für den Platz und Boden in Ihrem Garten geeignet ist.
• Billige Pflanzen können von minderer Qualität sein.

◄ ORANGEFARBENE Phyllostachys aureosulcata *'Aureocaulis'* als streng vertikales Element.

BODENVORBEREITUNG

WO EINE BEPFLANZUNG von Gräsern geplant ist, sollte der Boden einige Zeit vor dem Pflanzvorgang gründlich von Unkraut befreit werden. Man gräbt ihn dann um, wodurch er belüftet wird, und arbeitet Kies oder Sand in die Erde ein, um die Durchlässigkeit zu erhöhen und den Boden zu verbessern. Danach sollte der Boden für etwa drei Monate ruhen; vor der Pflanzung wird die Erdoberfläche mit dem Rechen möglichst fein zerkrümelt.

DEN BODEN VON UNKRAUT BEFREIEN

Der Boden muss vor der Pflanzung unkraut-frei sein. Am besten ist es, mit der Hand zu jäten (s. rechts). Ist das Unkraut sehr hart-näckig, können Sie auch einen Unkrautver-nichter ausbringen, der die Wurzeln zerstört.

UNKRAUTVERNICHTER
• Manche mehrjährige Unkräuter sind kaum mit der Hand zu entfernen. Wenden Sie in solchen Fällen auch Unkrautvernichter an.
• Unkrautvernichter sind sehr wirksam, schä-digen aber die Umwelt. Befolgen Sie die Her-stellerhinweise genau, und greifen Sie nur zur Not zu diesen Mitteln.

MIT HAND UND GRABGABEL
Mehrjährige Gräser am besten im Sommer entfernen. Die Wärme hilft beim Austrocknen und dem Vernichten der Wurzeln.

UMGRABEN UND BODENVERBESSERUNG

Die meisten Gräser wachsen in mageren Böden, deshalb sollte man den Boden nicht anreichern wie für andere Pflanzen, sondern ihn eher verbessern. Dazu können Sie reich-lich Kies oder groben Sand einarbeiten. Die meisten Seggen und einige Gräser bevorzugen feuchte Böden. Um die Fähigkeit, Feuchtig-keit zu speichern, zu erhöhen, geben Sie anstelle von Kies viel organisches Material wie Gartenkompost zu.

1 **Verteilen Sie auf dem Boden**, der vorher umgegraben wurde, reichlich groben Sand. Bearbeiten Sie den Boden nicht, wenn er nass oder gefroren ist, weil das die Struktur schädigt.

2 **Arbeiten Sie den Sand** mit der Grabgabel gründlich in den Boden ein. Bewegen Sie sich rückwärts und betreten Sie die bereits bearbeiteten Stellen nicht.

GRÄSER PFLANZEN

Gräser sollten im Frühjahr oder im Herbst gepflanzt werden, wenn der Boden warm ist, aber es geht auch im Winter, solange die Erde nicht gefroren oder sehr nass ist. Wässern Sie die Gräser vor dem Pflanzen; stellen Sie ein-getopfte Gräser in einen Eimer mit Wasser, bis keine Luftblasen mehr aufsteigen. Das Pflanzloch muss vier Mal so groß sein wie der Topf. Setzen Sie die Pflanze etwas tiefer als im Topf ein. Gießen Sie ausgiebig.

1 Das Pflanzloch muss so tief sein, dass der Wurzelballen Platz hat. Wenn nötig, entfernen Sie Erde aus dem Loch oder geben Sie welche dazu.

2 Drehen Sie die Pflanze mit der Oberseite nach unten, und entfernen Sie vorsichtig den Topf. Ziehen Sie die Wurzeln etwas auseinander.

3 Füllen Sie in das Loch Erde ein, und drücken Sie den Boden um den Wurzelbereich mit dem Fuß an. Gießen Sie die Pflanze ausgiebig.

PFLANZTIPPS

• Gießen Sie Gräser nach dem Pflanzen gut. Danach brauchen sie nur noch wenig Wasser. Durch viel Gießen wachsen sie lockerer und sind anfällig für Krankheiten.

• Achten Sie auf eingerollte Blätter. Das bedeutet, dass die Gräser Wasser brauchen.

PFLANZABSTAND *Die Gräser sollten einen Abstand von etwa der halben Endhöhe haben. Zu dicht gepflanzt sehen sie beengt aus, große Lücken begünstigen Unkraut.*

IN KÜBEL PFLANZEN

Viele Gräser sehen in Töpfen prächtig aus. Beachten Sie, dass der Topfboden genug Abflusslöcher hat. Geben Sie auf den Boden kleine Steine oder Tonscherben. Füllen Sie das Gefäß halb mit Blumenerde (Torfsubstrate trocknen schnell aus), setzen Sie die Pflanze ein, und geben Sie mehr Substrat hinein. Lassen Sie ausreichend Platz zum Gießen, und wässern Sie ausgiebig. Bedecken Sie die Oberfläche mit Kies, Rindenstücken oder Zierkugeln. Bambus braucht viel Platz in Töpfen und darf nie austrocknen.

Obere Pflanzenteile wachsen nicht weiter, während die Pflanze sich eingewöhnt.

Bedecken Sie den Topfboden mit einer Schicht aus kleinen Steinen, damit die Erde durchlässig bleibt.

BAMBUS PFLANZEN UND KONTROLLIEREN

BAMBUS GEDEIHT NUR GUT, wenn das Pflanzloch gut vorbereitet ist. Graben Sie ein 60-90 cm großes und 20-45 cm tiefes Loch, und mischen Sie gut verrotteten Stallmist, Kompost oder einen Langzeitdünger darunter. Lassen Sie den Bambus sich in einem Eimer mit Wasser vollsaugen, bevor Sie ihn einpflanzen, und setzen Sie ihn etwas tiefer ein, als er im Topf stand. Gießen Sie ausreichend.

VERSCHIEDENE WURZELSYSTEME

Bambusarten bilden entweder Horste oder Ausläufer, je nach Wurzelsystem. Horst bildende Arten wie der Gelbfurchenbambus (*Phyllostachys aureosulcata*) haben kompakte Wurzelsysteme und bleiben meist dort, wo sie gepflanzt wurden. Ausläufer bildende Arten wie Zwergbambus (*Sasa*) und Buschbambus (*Pleioblastus*) besitzen dagegen Wurzeln, die sich in alle Richtungen ausbreiten und über weite Flächen wuchern können.

NÜTZLICHE TIPPS

• Pflanzen Sie an hellen, nicht vollsonnigen Stellen.

• Mulchen und düngen Sie den Wurzelbereich im Frühjahr.

• Lassen Sie die Wurzeln nie austrocknen. Nutzen Sie ggf. einen Schlauch mit Tropfvorrichtung.

RHIZOME MIT AUSLÄUFERN
An den waagrecht wachsenden Rhizomspitzen entwickeln sich neue Triebe.

HORSTBILDENDE ARTEN
Die Rhizomspitzen wachsen nach oben und entwickeln neue Triebe.

AUSBREITUNG BEGRENZEN

Das wuchernde Ausbreiten einiger Bambusarten kann man im Zaum halten, wenn man um den Wurzelbereich der Pflanze eine biegsame Wurzel- oder Rhizomsperre aus Kunststoff eingräbt oder sie in Kübel pflanzt. Auch ein Stück eines Abflussrohres mit großem Durchmesser kann um den Bambus gelegt werden. Viele Gärtner finden es einfacher, die Rhizome mit einem Spaten abzutrennen.

SPERREN & GEFÄSSE

• 8-10 cm über den Grund ragende, verrottungsfeste Gummimatten werden kreisförmig und senkrecht in den Boden gestellt, damit die Rhizome nicht herauswachsen können.

• Abflussrohre aus Beton mit großem Durchmesser, wie man sie bei Autobahnen verwendet, sind von 1-1,2 m Durchmesser. Aber sie sind sehr teuer und schwer anzubringen.

RHIZOMBEGRENZUNG OHNE STRESS

Die Rhizome vieler Ausläufer bildender Sorten können mit Hilfe eines Spatens ganz einfach im Zaum gehalten werden. Die jungen Rhizome der meisten Bambusarten mit Ausläufern sind weich und leicht zu durchtrennen. Sie brauchen nur einen Graben von 30 cm Breite und Tiefe um den Horst, den Sie behalten wollen, auszuheben. Dann füllen Sie in diesen Graben ein leichtes Material wie Rasenschnitt oder Kompost, das sich leicht umgraben lässt. Die Rhizome wachsen waagerecht in dieses Material, wo sie leicht zu erreichen und abzutrennen sind. Entfernen Sie die abgetrennten Teile, da sie sonst hart werden und das Einführen des Spatens in den Graben in späteren Jahren erschweren.

1 **Schärfen Sie** die Kante eines Spatens mit einem Schleifstein. So kann der Spaten die Rhizome, die oft ganz fest sind, besser durchtrennen.

2 **Heben Sie** um den Wurzelbereich einen 30 cm tiefen Graben aus, um die Rhizome freizulegen. Häufen Sie die Erde am Grabenrand auf.

3 **Trennen Sie** die Rhizome dort ab, wo sie sich von der inneren Grabenwand aus entwickeln. Falls nötig schleifen Sie den Spaten nach.

4 **Folgen Sie** mit der Grabgabel den Rhizomen im Boden außerhalb des Wurzelbereiches nach. Entfernen Sie unerwünschte Ausläufer.

5 **Füllen Sie** die Erde wieder in den Graben. Dieser kann auch mit einem weichen Material gefüllt werden, was im nächsten Jahr die Arbeit erleichtert.

NÜTZLICHE TIPPS

• Reservieren Sie einen Spaten nur zum Abtrennen von Rhizomen, dessen Kanten mit einem Schleifstein geschärft werden.

• Pflanzen Sie Bambus, der keine Ausläufer bildet, z.B. *Chusquea couleou, Fargesia murieliae, F. nitida* und *Thamnocalamus*.

• Zu den wuchernden Bambusarten zählen *Chimonobambusa, Phyllostachys, Pleioblastus, Sasaella* und *Sasa*.

• Wenn Bambus außer Kontrolle gerät, schneiden Sie ihn zurück und bringen Sie wiederholt ein Herbizid aus.

EINGEWÖHNUNG UND WEITERE PFLEGE

GRÄSER BENÖTIGEN NACH DEM PFLANZEN wenig regelmäßige Pflege, vorausgesetzt, der Boden wurde vorher gründlich von Unkraut befreit (*siehe S. 48*). Sehr nützlich ist eine Mulchschicht, die nach der Pflanzung auf die Erdoberfläche kommt; sie unterdrückt das Wachstum von Unkraut, hält den Boden feucht und sorgt für bessere Wachstumsbedingungen. Jährlicher Schnitt im Winter oder im zeitigen Frühjahr lässt die Ziergräser sich von ihrer besten Seite zeigen.

DÜNGEN, GIESSEN UND MULCHEN

Die meisten Gräser wachsen in mageren Böden und bekommen einen laschen Wuchs und werden anfällig für Krankheiten, wenn man sie düngt. Ausnahmen sind große Gräser wie Pampasgras (*Cortaderia selloana*) und Chinaschilf (*Miscanthus sinensis*), die gelegentliche Düngergaben benötigen. Verwenden Sie gut abgelagerten Stallmist oder einen Langzeitdünger. Gießen Sie Gräser nur beim Pflanzen und im ersten Jahr, wenn sie ihre Blätter einrollen. Gräser können am besten von allen Pflanzen Wasser aus dem Boden holen und es nutzen, deshalb brauchen sie nach dem Eingewöhnen selten Wasser. In langen, heißen Sommern sollten Sie jedoch auf Zeichen von Trockenheit achten.

EINGEROLLTE BLÄTTER *Grasblätter rollen sich bei Trockenheit oder Wasserknappheit, um Feuchtigkeit zu speichern. Wässern Sie in diesem Fall sofort.*

GESUNDES BLATT *Flach liegende und leuchtend gefärbte Blattspreiten sind ein Zeichen dafür, dass das Gras sich wohl fühlt.*

MULCHSCHICHT AUSBRINGEN *Kies oder grober Sand eignen sich für Gräser am besten (hier* Carex oshimensis 'Evergold'*), organische Materialien wie Rindenhäcksel sind bei Seggen, Binsen und Bambus dekorativ. Bringen Sie die Schicht auf feuchtem Boden aus, aber nicht zu dick, sonst werden die Wurzeln zu nass.*

MULCHTIPPS

• Folien oder Matten, die Unkraut unterdrücken, dienen demselben Zweck wie eine Mulchschicht, sind aber nicht schön, wenn sie kahl bleiben. Eine dünne Mulchschicht darauf macht sie dekorativer.

• Grober Strandkies, Kies, Rindenstücke, Schieferbruch und Glasperlen sind beliebte und langlebige Mulchmaterialien für Ziergräser.

• Mulchen Sie nicht zu stark, denn dadurch bleibt der Boden zu nass für die Graswurzeln, was zu laschem Wuchs und geringem Widerstand gegen Schädlinge und Krankheiten führt.

• Bringen Sie um Bambuspflanzen eine Mulchschicht aus Laub und abgeschnitten Halmen aus, damit die beim Verrotten freigesetzte Kieselsäure (wird vom Bambus zum Wachstum benötigt) zu den Pflanzen gelangt.

RÜCKSCHNITT BEI GRÄSERN

Die einzige regelmäßige Pflegemaßnahme, die Gräser neben Jäten von Unkraut und Entfernen von abgebrochenen Blütenstängeln benötigen, ist der jährliche Rückschnitt. Gräser, die im Winter strohfarben werden, sollte man im Spätwinter knapp über dem Boden abschneiden und alles Abgestorbene in der Mitte des Horstes mit einem Fächer-besen entfernen. Bei immergrünen Gräsern sowie bei Seggen und Binsen muss man nur leicht mit dem Rechen darüber gehen, um sie von welkem Laub zu befreien. Zu Frühlings-beginn lässt der Neuaustrieb die Pflanzen wieder hübsch und frisch aussehen. In Natur-gärten kann dieses Pflanzenmaterial klein gehackt zum Mulchen verwendet werden.

1 **Warten Sie** mit dem Rück-schnitt bis zum Spätwinter, wenn die Pflanzen nicht mehr gut aussehen. Ohne Rück-schnitt kein Neuaustrieb.

2 **Schneiden Sie** alle alten Halme in Bodennähe ab; ein geeignetes Werkzeug dafür ist eine Gartenschere.

3 **Entfernen Sie** Abgestor-benes in der Mitte mit dem Fächerbesen. Hacken Sie es klein, und bringen Sie es als Mulchschicht aus.

HECKENSCHERE
Bei Gräsern mit dicken Halmen wie Chinaschilf kann eine Heckenschere oder eine Säge für den Schnitt nötig sein.

ELEKTRISCHER HECKEN-SCHNEIDER *Eine elektrische Heckenschere erleichtert die Arbeit beim Grasschnitt, wenn Sie viel zu schneiden haben.*

NÜTZLICHE TIPPS

• Bei Pampasgras sollten Sie grobe Lederhandschuhe und Schutzbrille tragen. Die Blät-ter sind am Rand gezähnt.

• Bei Rispengräsern lassen sich die alten Teile nur mit einem kleinen Handrechen herauskämmen.

• Im Frühjahr sollte man nur die abgestorbenen Halme auslichten, um den Neuaustrieb zu schonen.

• Manche Gräser, besonders einjährige, säen sich auch stark selbst aus. Schneiden Sie die Blütenstände ab, sobald die Blüte vorüber ist, bevor sie Samen ansetzen.

ENTFERNEN VON TOTEN ABGEBROCHENEN HALMEN

Abgestorbene und abgebrochene Halme können den Wuchs von Bambus stark beeinträchtigen, lassen sich aber leicht entfernen. Abgestorbene Halme sollten beim jährlichen Rückschnitt, abgebrochene Halme sofort beseitigt werden. In beiden Fällen kann man die Halme mit einer Astschere knapp über dem Boden abschneiden. Sich neigende Halme wirken ebenfalls unschön. Abhilfe schafft das Entfernen einiger oberer Blätter.

ENTFERNEN ABGEBROCHENER HALME
Beschädigte Halme wachsen nicht mehr und müssen an der Basis komplett entfernt werden. Halb abgeschnittene Halme sehen unschön aus.

ABGESTORBENE HALME AUSDÜNNEN
Abgestorbene Halme lassen einen Horst alt aussehen. Werden sie abgeschnitten, können sie im Garten für vieles verwendet werden.

BLÜTENSTÄNDE SCHNEIDEN UND TROCKNEN

Die Blütenstände der meisten Gräser eignen sich gut für Trockenblumensträuße, und viele Gräser vertrocknen von selbst im Garten. Werden sie jedoch überreif abgeschnitten, fallen sie in der Wärme auseinander. Es ist meistens besser, die Blütenstände zu pflücken, gerade bevor sie Samen ansetzen. Binden Sie die Blütenstängel zu Bündeln zusammen, und hängen Sie diese in einem trockenen Schuppen oder an einem Regal mit dem Kopf nach unten auf. Um den natürlichen Wuchs der Stängel zu erhalten, muss man die Gräser aufrecht in einer Vase trocknen lassen.

GETROCKNETE BLÜTENSTÄNDE
Setaria italica *(links) und* Phalaris canariensis *(rechts) sind zwei Grasarten mit dekorativen Blütenständen, die sich zum Trocknen eignen.*

MEHR TIPPS

• Binden Sie die Blütenstiele eher zu mehreren kleinen Bündeln zusammen als zu einem einzigen großen. Kleine Bündel trocknen besser und verwickeln sich nicht so stark.

• Getrocknete Gräser sollten nicht in die Sonne, sonst verblassen sie.

JAHRESZEITENKALENDER

WINTER

• Schneiden Sie die abgebrochenen Blütenstände heraus.

• Rechen Sie Blätter und Reste vertrockneter Fruchtstände ab.

• Suchen Sie in Katalogen nach

PFLANZENABFALL ENTFERNEN *Schneiden Sie Gräser im Spätwinter zurück.*

neuen, verbesserten Sorten und nach Vorschlägen für schöne Pflanzkombinationen.

• Zeichnen Sie Pläne für neue Gestaltungsideen auf Millimeterpapier.

• Säen Sie die Samen von Arten wie *Coix lacryma-jobi*, *Hordeum jobatum*, *Panicum miliaceum*, *Sorghum nigricansum* und *Zea mays* unter Glas.

• Vermehren Sie Gräser für die kühle Jahreszeit – solche, die im Frühsommer blühen (*siehe S. 11*).

• Bringen Sie um die Gräser, die für Rost anfällig sind, Schwefelblüte aus.

FRÜHLING

• Schneiden Sie sommergrüne Gräser zurück, und entfernen Sie totes Laub (*siehe S. 53*).

• Schneiden Sie gespaltene Spitzen ab.

• Jäten Sie Unkraut.

• Pflanzen Sie neue Gräser aus.

• Topfen Sie Gräser um, die für ihre Behälter zu groß sind. Erneuern Sie bei Pflanzen, die länger als zwei oder drei Jahre in Töpfen stehen, die obere Erdschicht.

• Teilen Sie Gräser, die im Frühsommer blühen (*siehe S. 11*).

• Säen Sie mehrjährige Gräser aus, und stellen Sie sie bis zur Keimung kühl. Pikieren Sie die in einzelne Töpfe (*siehe S. 57*).

• Säen Sie einjährige Gräser dort aus, wo sie blühen sollen (*siehe S. 44*).

SOMMER

• Dünnen Sie junge einjährige Gräser aus.

• Gießen Sie Gräser in Töpfen regelmäßig, und achten Sie auf Anzeichen von Wassermangel.

• Jäten Sie Unkraut.

• Pflücken Sie Blütenstände zum Trocknen.

• Entfernen Sie Einjährige, die ihre Blüte beendet haben, bevor sie ihre Samen verstreuen.

• Beginnen Sie mit dem Sammeln der Samen von Gräsern, die Sie vermehren wollen. Samen vieler Gräser können ausgesät werden, sobald sie reif sind.

• Halten Sie Ausläufer bildende Gräser im Zaum, indem Sie diese mit einem Spaten abtrennen.

• Begrenzen Sie das Ausbreiten von Bambuspflanzen durch das Abtrennen von Rhizomen (*siehe S. 51*).

HERBST

• Schneiden Sie Blütenstände für die Vase, bevor sie unansehnlich werden.

• Bringen Sie durch den Wind beschädigte Gräser in Ordnung.

• Schneiden Sie Begleitstauden, die abgestorben sind, und entfernen Sie die Blätter.

• Sammeln und lagern Sie Grassamen.

• Beginnen Sie mit der Bodenvorbereitung für neue Bepflanzungen im Frühjahr.

• Setzen Sie im Frühjahr blühende Zwiebeln wie Narzissen und Tulpen im Spätwinter oder zeitigen Frühjahr zwischen Gräsern ein. Dadurch bieten sie schon bald einen schöner Anblick.

• Entfernen Sie alle einjährigen Gräser, die ihre Pracht beendet haben.

SAMEN SAMMELN *Samen sollten gesammelt werden, sobald er im Sommer oder Herbst reift. Lagern Sie ihn in Papiertüten an einem kühlen, trockenen Ort.*

GRÄSER VERMEHREN

Alle GRÄSER, AUCH SEGGEN UND BINSEN, können durch Teilung oder Aussaat vermehrt werden. Die Teilung ist einfach und besonders praktisch bei Kultursorten, da diese aus Samen gezogen nicht wie die Elternpflanzen aussehen würden. Auch in der Mitte abgestorbene Horste werden geteilt. Samen von im Frühjahr blühenden Gräsern bilden im Herbst neue Pflanzen, Samen später blühender Arten entwickeln sich bei Aussaat im Spätwinter im Frühjahr.

TEILUNG KLEINER HORSTE

Gräser bilden zwei Gruppen: Gräser der warmen Jahreszeiten, die nach dem Hochsommer blühen, und Gräser der kühleren Jahreszeiten, die vor dem Hochsommer Blüten bilden. Teilen Sie die Arten der ersten Gruppe nur im Frühjahr, die anderen im Frühjahr oder Herbst. Niedrige Gräser wie Schwingel teilt man, indem man den Horst mit der Hand auseinander reißt. Größere Gräser wie Chinaschilf müssen mit Hilfe eines Spatens geteilt werden. Schneiden Sie den Horst vorher.

1 **Wässern Sie** die Pflanze, hier *Carex oshimensis* 'Evergold', dann heben Sie sie heraus. Schütteln Sie lose Erde ab.

2 **Greifen Sie** mit den Fingern in den Wurzelballen, reißen Sie den Horst vorsichtig auseinander.

3 **Teilen Sie** den Horst in zwei Stücke. Schneiden Sie Blätter sowie überlange oder beschädigte Wurzeln ab.

4 **Pflanzen Sie in** ein neues Gefäß oder in ein Anzuchtbeet mit sandhaltiger Blumenerde. Ausgiebig gießen.

GEEIGNETE ARTEN

NIEDRIGE GRÄSER
Briza
Carex
Deschampsia
Elymus
Festuca
Hakonechloa
Helictotrichon
Holcus
Imperata
Luzula
Melica
Milium
Stipa
Uncini

HOHE GRÄSER
Arundo
Calamagrostis
Cortaderia
Fargesia
Miscanthus
Molinia
Panicum
Pennisetum
Phalaris
Phyllostachys
Pleioblastus

TEILUNG GROSSER PFLANZEN

Große Gräser wie Chinaschilf und Pampasgras haben kräftige Wurzeln und sind schwieriger zu teilen. Junge Pflanzen teilt man mit einem scharfen Spaten, für ausgewachsene

Horste brauchen Sie eine Axt oder Bügelsäge. Schneiden Sie die Pflanze bis knapp über dem Boden zurück. Die Mitte des Horstes wird weggeworfen, sie ist weniger wuchsstark.

1 **Graben Sie** den Horst (hier *Miscanthus sinensis*) aus. Da er schwer ist, heben Sie ihn vorsichtig heraus.

2 **Teilen Sie** ihn mit einer Bügelsäge oder Axt. Tragen Sie Handschuhe zum Schutz vor den spitzen Halmen.

AXT MIT LANGEM GRIFF *Arbeiten Sie mit leicht gegrätschten Beinen, damit Sie sich nicht am Bein verletzen.*

ANZUCHT AUS SAMEN

Den größten Erfolg haben Sie mit frischen Samen; sammeln Sie also die Samen, sobald sie reif sind. Reiben Sie die Samenstände zwischen den Fingern, damit die Samen herausfallen, und säen Sie sie gleich in Töpfe mit Anzuchterde (*siehe unten*). Pflegen Sie Ihre Sämlinge gut. Keimlinge, die im Früh-

jahr erscheinen, entwickeln sich gut bis zum Herbst, und im Frühwinter gesäte Samen bringen neue Pflanzen für das Frühjahr hervor. Das Saatgut kann im Winter an einem kühlen, trockenen Platz lagern.

1 **Rubbeln Sie** kleine Samen direkt auf der Anzuchterde. Große Samen sollten einzeln platziert werden.

2 **Bedecken Sie** die Samen mit einer Schicht feinen Sands. Eine dünne Kiesschicht hält Mäuse ab.

3 **Lassen Sie** die Samen keimen, und pikieren Sie bei Bedarf. Später in Einzeltöpfe pflanzen.

GRÄSER & BAMBUSARTEN

DIE PFLANZENPORTRÄTS ZEIGEN DIE VIELFALT an Ziergräsern, Bambus-, Seggen- und Binsenarten. Die meisten sind anspruchslos und benötigen nur einen durchlässigen Boden und einen sonnigen Standort, viele sind völlig winterhart. Sie erfahren Einzelheiten über die Kultur jeder Pflanze sowie eine Beschreibung von ihr. Gestaltungstipps wurden eingefügt, wo ein Gras oder Bambus sich für einen besonderen Zweck gut eignet.

▨ *Bevorzugt Vollsonne* ▨ *Bevorzugt lichten Schatten* ▨ *Bevorzugt Halbschatten* ▨ *Verträgt vollen Schatten* ◊ *Bevorzugt durchlässigen Boden* ◊ *Bevorzugt feuchten Boden* ◆ *Bevorzugt nassen Boden* ❈ *Bedingt winterhart (bis zu 0 °C)* ❈❈ *Frosthart (bis zu –5 °C)* ❈❈❈ *Völlig winterhart (bis zu –15 °C)* ❧ *nicht winterhart* ♀ *preisgekrönt durch die RHS*

A

Agrostis nebulosa
(Rotes Straußgras)
Dieses einjährige Gras bildet im Sommer große, rispige Blütenstände, die wie lockerer Schleier in hellem Grau bis Blassgrün über den winzigen Blättern schweben. Aussaat im Frühjahr oder Herbst am endgültigen Standort.
▨ ◊ ❈❈❈
↕↔ 30 cm

Alopecurus pratensis
'Aureovariegatus'
(Wiesenfuchsschwanzgras)
Es gehört zu den leuchtendsten gelb panaschierten Gräsern und trägt schmale Blätter, die meist waagerecht stehen. Sie sind entweder grün und lebhaft gelb umsäumt und gestreift oder ganz gelb. Blüten

ALOPECURUS PRATENSIS
'AUREOVARIEGATUS'

erscheinen im Frühsommer, sollten aber entfernt werden, da die Pflanze sonst im Sommer ruht. Gedeiht am besten in der Sonne und muss in schweren Böden oft geteilt werden.
▨ ◊ ❈❈❈
↕ 1,2 m ↔ 40 cm

Andropogon gerardii
Aufrechtes, Horst bildendes, mehrjähriges Gras mit einer Fülle blaugrüner Blätter und Halme. Diese färben sich im Herbst orange, rot und weinrot, verblassen im Winter strohfarben. Die rötlich braunen Blüten sehen wie Hühnerfüße aus. Das Gras braucht einen mageren, durchlässigen Boden.
▨ ◊ ❈❈❈
↕ 2 m ↔ 60 cm

Arrenatherum elatius ssp.
bulbosum
(Knollenglatthafer)
Für kühle Jahreszeiten, zeigt sich im Spätfrühling und Frühsommer von der besten Seite und ruht später halb. Formt dichte Hügel schmaler, auslaßender Blätter, die leuchtend weiß umsäumt und gestreift sind. Dieser

◀ EIN GUTES PAAR *Die hohe* Spartina pectinata *und die niedrige* Hakonechloa macra *ergänzen sich gut.*

Glatthafer gedeiht am besten im Schatten, der die Intensität der Buntblättrigkeit nicht beeinträchtigt. In Sonnenlagen ist er anfällig für Blattrostinfektionen. Häufige Teilung ist notwendig, um die Wuchskraft zu erhalten.

◨ – ▣☿◊ ✳✳✳
↕↔ 30 cm

Arundo donax
(Pfahlrohr, Riesenschilf)
Größtes, frosthartes, mehrjähriges Gras, bildet große bis riesige Horste aus dicken, steif aufrechten, blaugrünen Halmen mit sehr breiten, blaugrünen Blättern, die in zwei Reihen symmetrisch angeordnet sind. Blüht in kaltem Klima selten, und der Sprossteil stirbt normalerweise im Winter ab. Die Varietät *versicolor* (Syn. 'Variegata') ist nur bedingt winterhart, trägt aber auffällige panaschierte Blätter; sie sind graugrün und haben breite Streifen in Creme – hübsch im Wintergarten oder für ein Sommerbeet.

▣◊ ✳✳✳
↕4,2 m ↔ 1,5 m

BRIZA MAXIMA

BOUTELOUA GRACILIS

B

Bouteloua gracilis
(**Syn. Chondrosum gracile**)
(Moskitogras, Haarschotengras)
Der Name Moskitogras kommt daher, weil eng nebeneinander sitzende Einzelblüten der Ähren an Mückenlarven erinnern, die von der Wasseroberfläche herabhängen. Bildet niedrige Horste dünner, dunkelgrüner Blätter. Ähren stehen fast waagerecht zur Seite ab. Benötigt warmen, trockenen Standort.

▣◊ ✳✳✳
↕60 cm ↔ 30 cm

Briza maxima
(Großes Zittergras)
Einjährig, bildet dichte Horste. Vom Spätfrühling bis Spätsommer herz- bis eiförmige, seitlich abgeflachte Ährchen an dünnen Halmen. Sät sich stark selbst aus. B. *media* wird höher und ist mehrjährig, mit kleineren Ährchen, und B. *minor* ist eine niedrige, sehr zierliche Einjährige.

▣◊ ✳✳✳
↕30 cm ↔ 25 cm

C

Calamagrostis × acutiflora
'Karl Foerster'
(Moorreitgras)
Mehrjährig, wird wegen der früh erscheinenden Blüten kultiviert. Es setzt in Rabatten vertikale Akzente. Bildet dichte Horste aus dünnen, mittelgrünen Blättern, die im Frühsommer von dünnen Stängeln purpurn getönter, federartiger Blütenstände überragt werden. Diese entwickeln sich zu fuchsroten Samenständen; sie säen sich nicht selbst aus. In fruchtbaren Böden und im Schatten wird der Wuchs lasch. 'Overdam' ist niedriger mit weiß umsäumten und gestreiften Blättern.

▣ – ◨◊ ✳✳✳
↕1,8 m ↔ 60 cm

Calamagrostis brachytricha
(**Syn. Acnatherum brachytricha, Stipa brachytricha**)
(Silberährengras)
Mehrjährig, im Spätsommer mit großen, ovalen Blütenständen, zunächst satt rosa

CALAMAGROSTIS × ACUTIFLORA
'KARL FOERSTER'

CAREX (SEGGEN)

Seggen besitzen dreikantige Stängel und Blätter. Im Allgemeinen sind sie niederwüchsig und gedeihen in feuchten Böden und in schattiger Lage besser als Süßgräser. Sie sind mehrjährig und immergrün, wenn nicht anders angegeben.

C. berggrenii bildet bis zu 10 cm hohe, dichte Tuffs aus braunen bis silberbraunen Blättern. Die Blüten im Sommer sind fast schwarz.

C. buchananii (Fuchsrote Segge) trägt eingerollte Blätter, die an den Enden gekräuselt sind. Sie gedeiht auf durchlässigen Böden und hält Dürre aus, wenn sie sich eingewöhnt hat. Bis zu 70 cm hoch.

C. comans mit gerade nach unten hängenden Blättern sieht am besten in einem Kübel aus und kann bis 60 cm hoch werden. Die bronzefarbene Form und die ähnliche *C. flagillifera* 'Small Red' und 'Frosted Curls' haben bunte Blätter.

CAREX ELATA 'AUREA' ♀

C. conica 'Snowline' bildet bis zu 15 cm hohe, gepflegte, dichte Tuffs aus weiß umsäumten dunkelgrünen Blättern.

C. elata 'Aurea' ♀ (Steife Segge) ist im Frühjahr auffallend bunt und bildet bis zu 70 cm hohe Hügel aus überhängenden, gelben Blättern mit dunkelgrünen Streifen.

C. morrowii 'Variegata' (Japan-Segge) bildet bis zu 60 cm hohe Horste weiß umsäumter Blätter. 'Fisher's Form' ist cremefarben umsäumt.

C. muskingumensis (Palmwedelsegge) trägt schmale, grünlich gelbe Blätter und kleine braune Blüten im Frühsommer. Sie wird bis zu 60 cm hoch. Für nasse oder feuchte Böden geeignet. 'Oehme' hat golden umsäumte Blätter.

C. oshimensis 'Evergold' ♀ bildet bis 30 cm hohe, dichte Büschel aus überhängenden, glänzend creme-grünen Blättern mit dunkelgrünem Rand. *C. ornithopoda* 'Variegata' ist eine ähnliche Zwergform.

C. pendula (Hängesegge) ist eine der größten Seggen, wird in der Blüte bis 2 m hoch, mit hängenden Blütenständen an den Enden schlanker Stängel. Die auffallenden Blätter sind tiefgrün; Selbstaussaat. 'Moonraker' ist niedriger und bildet in kühlen Regionen den ganzen Sommer cremefarbene Blätter. Aus

CAREX PENDULA

Samen gezogen hat sie fast die Qualität der Eltern.

C. riparia 'Variegata' (Ufersegge) ist eindrucksvoll im Vorfrühling, wenn die neuen weißen Blätter inmitten von schwarzen Blütenständen erscheinen. Blätter sind grün umsäumt, werden dann ganz grün. Gedeiht im Wasser oder auf nassem Boden. Kann stark wuchern, besonders wenn sie zur grünen Form zurückkehrt.

C. siderosticha 'Variegata' ist eine niedrige, sommergrüne Waldsegge, die bis 30 cm hoch wird und weiß gestreifte Blätter trägt.

C. 'Silver Sceptre' wird bis 30 cm hoch, hat überhängende Blätter, die in der Sonne und bei Frost verbrennen.

C. testacea wird bis 1,5 m hoch mit gelben Blättern, die sich in der Sonne orange färben, im Schatten grün. Ähnlich: *C. dipsacea.*

und purpurn gefärbt, dann weißlich, später strohfarben verblassend. Samenstände den ganzen Winter attraktiv. Gras mit aufrecht auseinander laufender Wuchsform, bildet manchmal überhängende Büschel.

◨ – ▨ ◊ – ◊ ❋ ❋ ❋
‡ 1,2 m ↔ 60 cm

Chasmanthium latifolium (Syn. *Uniola latifolia*)
(Plattährengras)
Horst bildendes, mehrjähriges Gras aus den feuchten Wäldern Nordamerikas. Seine starr herabhängenden, plattgedrückten Ährchen sehen wie Mahagonitaler aus. Sie erscheinen im Spätsommer an überhängenden Enden dünner Stängel. Das Gras braucht in

CHIONOCHLOA CONSPICUA

kühlen Regionen viel Sonne.
◨ – ▨ ◊ ❋ ❋ ❋
‡ 1 m ↔ 60 cm

Chimonobambusa marmorea
Die gebauschten Triebe und Blätter dieser charakteristischen

Bambusart sorgen für eine üppige Erscheinung. Halme sind dickwandig mit auffallenden Blattknoten. Wie der wissenschaftliche Name besagt, sind die neuen Halme marmoriert. Wenn die Art sich wohl fühlt, kann sie sehr stark wuchern; die Halme wachsen gewöhnlich 2 m hoch, können aber im warmen Klima auch 3 m lang werden.
▨ ◊ ❋ ❋ ❋
‡ 2–3 m ↔ unbestimmt

Chionochloa sonspicua
(Schneeglanz)
Das mehrjährige Gras bildet runde, immergrüne Hügel und trägt im Sommer große, federartige, hängende, einseitige Blütenrispen, die den Blütenschöpfen des Pampasgrases

CORTADERIA (PAMPASGRAS)

Große und imposante mehrjährige Gräser in riesigen, dichten Horsten, die scharfkantige, immergrüne Blätter treiben. Silbrig weiße oder zartrosa Blütenschöpfe über den Blättern. Es braucht durchlässigen Boden in voller Sonne.

C. richardii blüht im Frühsommer und bildet silbrig weiße, zottige Blütenstände von bis 2,5 m Höhe, die bis in den Winter halten.

C. selloana blüht im Spätsommer oder Herbst. Einige der schönsten Sorten: 'Albolineata' (Syn. 'Silver Stripe'), bis 1,2 m hoch, hat weiß gestreifte Blätter. 'Aureolineata' ♀ (Syn. 'Gold Band') trägt satt gelb gestreifte Blätter. 'Rosa Feder' hat rosa getönte Blütenschöpfe. 'Pumila' ♀ (Zwergsorte) mit cremeweißen Blüten wird bis 1,5 m hoch. 'Rendatleri' ist eine rosa blühende Sorte mit lockeren, satt rosa gefärbten Blütenschöpfen; die Halme brechen oft in exponierten Lagen. 'Silver Comet' trägt

CORTADERIA SELLOANA 'SUNNINGDALE SILVER' ♀

weiß gestreifte Blätter, 'Silver Fountain' ähnelt ihr, ist aber robuster. 'Sunningdale Silver' ♀ ist eine herausragende Sorte mit großen, wetterfesten, weißen Blütenschöpfen.

CORTADERIA SELLOANA 'AUREOLINEATA' ♀

(*Cortaderia*) ähneln. Sie sind jedoch eher cremefarben als weiß. Die meisten dieser Gräser sind von außergewöhnlicher Schönheit, lassen sich aber oft schwer kultivieren. Weitere empfohlene Arten sind: C. *flavescens* und C. *flavicans*, mit grünlich gelben, lockeren Blütenrispen im Frühjahr und Sommer, wobei C. *flavicans* viel Sonne und kühle Nächte braucht, um zu blühen; C. *rubra* wird wegen der leuchtend kupferroten Winterblätter, die im Sommer weniger intensiv gefärbt sind, kultiviert.

◨ – ◪◊ ❁❁
↕ 2 m ↔ 1m

Chusquea culeou ♀

Hoher Bambus mit dicken, festen Halmen, die oft aufrecht wachsen, aber gewöhnlich unter dem Gewicht der Blätter überhängen. Halme bilden viele feine Äste, an deren Enden eine Fülle kleiner Blätter erscheint. Neue Halme sind von einer blassen, velourartigen Hülle umgeben, die bald abfällt. Ist gut von anderen Bambusarten zu unterscheiden. Er ist winterhart und hält den Wind in Küstengebieten aus,

COIX LACRYMA-JOBI

CHUSQUEA CULEOU

fühlt sich in warmen, trockenen Gärten weniger wohl.

◨ – ◪◊ ❁❁❁
↕ 6 m ↔ 2,5m

Coix lacryma-jobi
(Hiobsträne)
Einjähriges, tropisches Gras, bildet Tuffs, wird seit Urzeiten wegen seiner großen, auffallenden Früchte kultiviert, die man als Perlen und als Geld verwendete. Kann in eine Sommerrabatte gepflanzt werden, braucht aber lange und heiße Sommer, um reichlich Früchte zu tragen. Im kalten Klima werden die Samen in beheizten Gewächshäusern im Winter ausgesät. Jungpflanzen werden umgetopft. Sie sollten nach den Frösten abgehärtet werden, bevor sie im Sommer ins Freie kommen.

◪◊ ❁
↕ 1,2 m ↔ 2,5 m

Cyperus longus
(Hohes Zypergras)
Die Ausläufer bildende, mehrjährige Seggenart formt Horste aus aufrechten Stängeln, die an den Enden glänzend grüne Blätter in Quirlen wie Radspeichen tragen. Blüten sind rötlich braun und erscheinen

im Sommer in Büscheln über den Blättern. Pflanze für Flachwasser, 15–30 cm tief, oder für feuchten Boden.

◨ – ◪◊ – ◊ ❁❁❁
↕ 45–100 cm ↔ 1 m oder mehr

D

Deschampsia cespitosa
(Rasenschmiele)
Dieses immergrüne, mehrjährige Gras bildet dichte Horste und bringt im Früh- bis Hochsommer ätherisch wirkende, schleierartige Rispen winziger Blüten an den Enden dünner Triebe. Es gedeiht am besten auf feuchtem Boden und verträgt Schatten. Es sind zahlreiche Sorten erhältlich, die sich in Blütenfarbe und Wuchsform unterscheiden: 'Bronzeschleier' wird bis zu 90 cm hoch und ist eine beliebte Sorte mit glänzenden, bronzefarbenen Blüten; die Blätter sind anfällig für Rostinfektionen. 'Goldgehänge' trägt goldgelbe Blüten an hängenden Trieben. 'Goldschleier' bildet grünlich gelbe Blüten; 'Goldtau' wird bis 90 cm hoch und hat gelblich grüne Blüten-

DESCHAMPSIA CESPITOSA
'GOLDTAU'

stände, die offener sind. 'Northern Lights' bildet kleine Tuffs, hat aber hohe Blütenstängel, die in kühlen Regionen das anfangs auffällig cremefarben umsäumte und gestreifte, rosa getönte Laub etwa 75 cm hoch überragen.

☒ – ▨ ◊ – ◊ ❋ ❋ ❋
↕ 1,2–2 m ↔ 1,2–1,5 m

Deschampsia flexuosa
(Drahtschmiele)
Sie ist in der Erscheinung D. cespitosa ähnlich, aber in allen Teilen kleiner; die Blätter sind von sehr feiner Struktur, und die winzigen Blüten variieren in der Farbe von Bronze bis zu Gelbgrün. Bei trockenem Schatten gedeiht die Pflanze gut. 'Tatra Gold' hat farbenprächtiges, gelblich grünes Laub, besonders im Frühsommer, und auffallende rotbraune Blüten.

☒ – ▨ ◊ – ◊ ❋ ❋ ❋
↕ 60 cm ↔ 30 cm

E

Elymus hispidus
(Syn. E. glaucus)
(Haargerste, Graugrüne Quecke)

DESCHAMPSIA CESPITOSA
'TATRA GOLD'

ELYMUS HISPIDUS

Mehrjähriges Gras mit intensiv stahlblauen, bis 20 cm langen Blättern. Zuerst wachsen die Blätter aufrecht, später eher überhängend und verblassen im Winter zu Beige. Von Früh- bis Hochsommer erscheinen Blüten in weizenähnlichen Ähren in intensivem Blau, die Halme werden strohfarben, wenn sie reifen. E. magellanicus ist ähnlich, aber niedriger, hat einen lockeren, laschen Wuchs und ist nicht immer mehrjährig.

☒ ◊ ❋ ❋ ❋
↕ 75 cm ↔ 40 cm

Eragrostis curvula
(Liebesgras)
Bezauberndes mehrjähriges Gras mit schmalen und überhängenden, immergrünen Blättern in fein strukturierten Horsten. Im Sommer winzige, nickende Ährchen an dünnen, überhängenden Stängeln, die wie ein Schleier in Grau wirken. Sät sich z.T. stark selbst aus. Als Bodendecker geeignet.

☒ ◊ ❋ ❋
↕ ↔ 1,2 m

Eriophorum angustifolium
(Schmalblättriges Wollgras, Sumpffeder)
Die Verwandte der Seggen braucht einen ständig nassen Boden. Im Sommer und Herbst weiche, rein weiße Haarbüschel an den Enden der schlanken Stängel. Blätter sind dunkelgrün, und das Gras bildet einen Wurzelstock, der sich durch Ausläufer ausbreitet. Ideale Pflanze für naturnahen Teich oder Sumpfgarten.

☒ ◊ ❋ ❋ ❋
↕ 45 cm ↔ unbestimmt

F

Fargesia murieliae ♀
(Syn. F. spathacea)
(Schirmbambus)
Eleganter Bambus in anmutigen Horsten aus hohen, überhängenden Halmen, kann als Sichtschutz gepflanzt werden. Halme zuerst hellgrün, werden später gelb und treiben gewöhnlich fünf dünne Zweige pro Halmknoten. Fülle an kleinen, zartgrünen Blättern drückt die Enden der Halme nieder, so dass sie herabhängen. Zwergsorten: 'Harewoo', 1 m hoch,

FARGESIA MURIELIAE ♀

FESTUCA VALESIACA 'SILBERSEE'

'Simba', 1,9 m hoch, und 'Thyme', 1,5 m hoch. 'Jumbo' ist außergewöhnlich hoch (bis 4 m). *F. nitida* (Dunkelgrüner Schirmbambus) ist von ähnlicher Höhe und Erscheinung, hat aber mehr aufrechte, purpurfarbene Halme, die keine Blätter bilden, wenn sie neu austreiben, sondern erst im zweiten Jahr, und diese sind schmäler.
F. nitida 'Eisenach' trägt sehr schmale Blätter, während 'Nymphenburg' eine eher hängende Form hat. Beide verlieren ihre Blätter im Winter.
◙ – ◙◊ ❋ ❋ ❋
↕ 3,8 m ↔ 1,5 m

Festuca glauca
(Blauschwingel)
Niedriges, mehrjähriges Gras in dichten, halbkugeligen Horsten. Reizvoll mit früh blühenden Zwiebelgewächsen. Benötigt stark durchlässigen Boden. Teilen Sie die Horste alle zwei bis drei Jahre. Blätter sehr schmal, bilden fein strukturierte, gewöhnlich intensiv stahlblaue Horste, die von tiefem bis zu hellem Grün und über Khaki bis Gelb variieren können. Blüten und deren

Stängel im Früh- bis Hochsommer von gleicher Farbe wie die Blätter, verblassen aber zu Beige. Viele Kultursorten – zu den schönsten zählen: 'Azurit', mit mehr silbernen Blättern; der intensiv silbrig blaue 'Blaufuchs'; die silbrig blaue 'Elijah Blue' mit blaugrauen Blättern, die bis 40 cm hoch werden; niedrig und glänzend gelb ist 'Golden Toupee', bis 20 cm hoch; 'Harz', mit dunklerem, kräftigerem Blauton; der sehr zartgrüne 'Seeigel'. *F. valesiaca* (Walliser Schafschwingel) ist ähnlich, Blüten mit abwischbarem Reif. *F. valesiaca* 'Silbersee' silbern. *F. punctoria* (Stachelschwingel) hat starre, blaugrüne Blätter, die eingerollt und gebogen sind wie nach oben gerichtete Klauen. Jedes Blatt mit spitzem Ende.
◙◊ ❋ ❋ ❋
↕ 30 cm ↔ 25 cm

G

Glyceria maxima var. variegata (Syn. G. aquatica variegata)
(Wasserschwaden, Wassersüßgras)

FESTUCA GLAUCA
'BLAUFUCHS' ♥

GLYCERIA MAXIMA
VAR. VARIEGATA

Mehrjähriges Gras, das Feuchtigkeit liebt. Blätter cremegelb gestreift, sind im Frühjahr rosa überhaucht und dann am auffälligsten. Mit dem fortschreitenden Sommer nimmt die Farbintensität ab. Breitet sich unaufhaltsam aus, besonders auf feuchten Böden. Eignet sich auch für große Teiche, kann bis 15 cm tief im Wasser stehen. Pflanzen Sie in einen Korb, um die Ausbreitung im Zaum zu halten.
◙◊ ❋ ❋ ❋
↕ 1,8 m ↔ unbestimmt

H

Hakonechloa macra
(Japanisches Berggras)
Sich langsam ausbreitendes, mehrjähriges Gras mit dichtem Wurzelstock, mit kaskadenartig herabhängenden Blättern, die im Spätsommer und Herbst Rottöne annehmen. Winzige Blüten an sehr dünnen, weinroten Stängeln inmitten der Blätter. Alle Sorten brauchen feuchte, durchlässige, humusreiche Böden sowie etwas Schatten und werden im Winter leuchtend rost-rot. 'Alboarea'

HAKONECHLOA MACRA
'AUREOLA' ♀

wird bis 30 cm hoch mit satt
goldgelben Blättern mit dünnen,
grünen Streifen sowie roten und
weißen Flecken. 'Aureola' ist
ähnlich, aber ohne Fleckenmus-
ter und von leuchtenderem Aussehen. Etwas höher wächst
'Mediaovariegata' mit grünen
Blättern, die in der Mitte dünne,
cremeweiße Streifen haben.
◫◊ ❀❀❀
↕↔ 45 cm

Helictotrichon sempervirens
(Syn. *Avena candida*) ♀
(Blaustrahlhafer)
Runde Hügel intensiv silbrig
blauer, nadelähnlicher Blätter.
Blüten an schlanken, überhän-
genden Stängeln in derselben
Farbe wie die Blätter, verblas-
sen aber später zu sattem
Strohgelb. Ameisen bauen in
der Mitte der Pflanze gerne ihre
Nester. Benötigt sonnigen Stan-
dort mit sehr durchlässigem
Boden. Blütenstängel von 'Pen-
dula' hängen stärker herab.
◫◊ ❀❀❀
↕ 1,2 m ↔ 60 cm

× **Hibanobambusa**
tranquillans 'Shiroshima'
Bambus-Hybride mit pana-
schierten, cremefarbenen und
weiß gestreiften Blättern, die
im Sonnenlicht rosa oder
purpurn getönt erscheinen.
Blätter weisen selten Schäden
auf, sogar nach einem stren-
gen Winter. Wurzelsystem mit
starker Ausläuferbildung.
◫ – ◫◊ – ◊ ❀❀❀
↕ 4 m ↔ unbestimmt

Holcus mollis
'Albovariegatus'
(Weiches Honiggras)
Niederliegendes, mehrjähriges
Gras mit kurzen und flachen
Blättern, die blaugrün und
cremeweiß gestreift sind. Ein
Gras für kühlere Jahreszeiten
mit blassgrünen Blüten im Frühsommer, sieht im Frühjahr und
Frühsommer am schönsten aus;
danach ruht die Pflanze teil-
weise. Feuchte Böden im Halbschatten werden bevorzugt. Entfernen Sie die Blütenstände, um
die Selbstaussaat zu verhindern,
da die Nachkommen grünblät-
trig sind und stark wuchern.
◫ – ◫◊ ❀❀❀
↕ 20 cm ↔ 45 cm

Hordeum jubatum
(Mähnengerste)
Reizvolles Gras mit schim-
mernden, gerstenartigen Blütenständen in lebhaftem Rosa im

HORDEUM JUBATUM

HOLCUS MOLLIS 'ALBOVARIE-
GATUS'

Hochsommer. Samenstände
fallen bald auseinander. Kultivieren Sie es einjährig; kann
wie Unkraut wachsen, wenn
man Selbstaussaat zulässt.
◫◊ ❀❀❀
↕ 45 cm ↔ 30 cm

Hystrix patula
(Flaschenbürstengras)
Horst bildendes Gras mit Blütenständen, die an Flaschenbürsten erinnern; sind zuerst
grün, werden dann weiß mit
einem Hauch von Rosa, zum
Schluss lohfarben. Blätter
ziemlich dünn und spärlich.
Wächst in trockenem Schatten;
gedeiht auch unter üppigen
Kulturbedingungen gut, kann
aber bei starker Sonne eingehen. Gut für die Vase.
◫ – ◫◊ ❀❀❀
↕ 45 cm ↔ 60 cm

I

Imperata cylindrica 'Rubra'
(Syn. 'Red Baron')
(Alang-Alang-Gras)
Bekannt durch die blutroten
Blätter. Flach wurzelndes, sich
langsam ausbreitendes, mehr-
jähriges Gras, das aufrechte

IMPERATA CYLINDRICA 'RUBRA'

Blätter bildet. Im Frühjahr
sind sie grün mit roter Spitze,
werden im Hochsommer ganz
blutrot; im Herbst wird die
Farbe noch intensiver. Die
Farbe kommt am besten zur
Geltung, wenn die Sonne es
von hinten anstrahlt. Fühlt
sich auf feuchten, fruchtbaren
Böden am wohlsten, verträgt
auch etwas Trockenheit, wenn
es sich bereits eingewöhnt hat.
◐◊ ❀❀
‡↔ 30 cm oder mehr

K

Koeleria glauca
(Blaugrünes Schillergras)
Mehrjähriges Gras, bildet
dichte Horste und ähnelt
Festuca glauca, hat aber
breitere Blätter, die eingerollt
sind, sowie auffallendere
Blütenrispen. Cremefarbene
und grüne Blüten in dichten,
aufrechten Rispen färben sich
im Hochsommer gelblich.
Kommt in Gruppen gepflanzt
am besten zur Geltung. Bevorzugt einen alkalischen Boden.
◐–◊ ❀❀❀
‡ 20 cm ↔ 30 cm

L

Lagurus ovatus
(Hasenschwanzgras)
Einjähriges Gras, bildet eine
Fülle dichter, kompakter Blü-
tenstände in Grün, die später
zu Cremeweiß verblassen.
Samen sollten im Frühjahr an
Ort und Stelle ausgesät werden.

LAGURUS OVATUS

'Nanus' ist eine Zwergform.
◐◊ ❀❀❀
‡↔ 30 cm

Leymus arenarius
(Syn. *Elymus arenarius*)
Gras mit dem wohl intensivs-
ten Blau von allen winter-
harten mehrjährigen Arten.
Breitet sich auf den meisten
Böden sehr schnell aus und
wird auf trockenen Böden zur
Plage. In einem Kübel, wo es
reichlich gedüngt und gegossen

JUNCUS (BINSE)

Binsen sind in feuchten oder
nassen, sonnigen Gebieten
heimisch und eignen sich für
Wasserstellen sehr gut. Sie bilden dichte Horste aus besonders aufrechten oder aufrecht
auseinander wachsenden
Stängeln. Manche Sorten
haben eine Korkenzieherform.

J. decipiens 'Curly-wurly',
Syn. 'Spiralis' hat stark
verdrehte Stängel, sehen wie
grüne Drahtwolle aus. Starke
Selbstaussaat auf feuchten,
sauren Böden. Bis 15 cm.

J. effusus f. spiralis (Korken-
zieherbinse) sieht wie ein
Bündel leuchtend dunkel-
grüner Korkenzieher aus,
die aus dem Boden ragen.
Braucht ständige Feuchte und
wird bis 30 cm hoch.

J. inflexus 'Afro' (Blaugrüne
Binse) wird ebenfalls bis
30 cm hoch, unterscheidet
sich von *J. effusus* durch
die graugrünen und matten,
verdrehten Stängel. Sie
wächst auf den meisten
Gartenböden.

JUNCUS EFFUSUS 'SPIRALIS'

werden muss, sieht es reizend aus. Blüten im Sommer ähneln denen des Weizens, haben dieselbe Farbe wie die Blätter, werden aber lohfarben, wenn sie reifen.

◎◊ ❋❋❋
↕ 1 m ↔ unbestimmt

Luzula sylvatica
(Waldhainsimse, Waldmarbel)
Bestes Gras als Bodendecker für schattige Lagen, sogar bei trockenen Böden. Bildet große Horste ziemlich breiter, immergrüner Blätter und breitet sich mit Hilfe oberirdischer Rhizome langsam aus. Braune Blüten in flachen Rispen erheben sich über die Blätter. In heimischen Wäldern vertrocknet es oft in langen, trockenen Sommern, treibt aber nach Regen wieder aus. Empfohlene Sorten: 'Aurea' mit goldgelben Blättern, die im Winter besonders leuchten; 'Hohe Tatra' mit grünen Blättern, die aufrecht stehen; die Blätter von 'Marginata' (Syn. 'Aureomarginata') sind dünn weiß umsäumt; 'Taggart's Cream' (Syn. 'A. Rutherford') mit weißen jungen Blättern, die

LUZULA SYLVATICA 'AUREA'

LEYMUS ARENARIUS

sich über Creme und Gelb zu Grün verändern.

▨◊ ❋❋❋
↕ 1 m ↔ unbestimmt

M

Melica altissima 'Atropurpurea'
(Hohes Perlgras, Sibirisches Perlgras)
Wird wegen seiner intensiv purpurfarbenen Blütenrispen im Sommer kultiviert; diese eignen sich gut für die Vase und zum Trocknen. Mehrjähriges Gras bildet lockere Horste mit weichen, behaarten Blättern und einer etwas laschen Wuchsform. Gedeiht in der Sonne am besten und verträgt nur leichten Schatten. M. uniflora (Einblütiges Perlgras) bleibt mit 60 cm Höhe niedriger, hat bräunlich purpurne Blütenstände und verträgt Vollschatten sowie trockenere Bedingungen.

◎ – ▨◊ ❋❋❋
↕ 90 cm ↔ 40–80 cm

Melinis repens
(Syn. **Rhynchelytrum repens**)
(Natal-Gras)
Reizvolles, einjähriges Gras,

bildet im Spätsommer duftig wirkende, flauschige Blütenstände in Blass- bis Purpurrosa. Eignet sich für auffallende Gruppen, kombiniert mit malvenfarbenen Astern. In kalten Regionen die Samen im Frühjahr unter Glas aussäen und Sämlinge im Frühsommer an warmem, sonnigem Standort auspflanzen.

◎◊ ❋
↕ 30 cm ↔ 60–100 cm

Milium effusum 'Aureum'
(Waldflattergras)
Kurzlebiges, mehrjähriges Gras, blüht vor dem Hochsommer und bildet kleine Horste weicher, schlaffer, goldgelber Blätter. Farbe der Blätter variiert von zartem Zitronengelb im Schatten zu grellem Orangegelb in der Sonne, wo das Gras aber bald mit der Vegetationsruhe beginnt. Sät sie sich unter günstigen Bedingungen stark selbst aus. Im Wald heimisch, verträgt volle Sonne nur auf feuchten Böden.

◎ – ▨◊ ❋❋❋
↕↔ 30 cm

MELICA ALTISSIMA 'ATROPURPUREA'

MISCANTHUS (CHINASCHILF)

Gattung Horst bildender, mehrjähriger Gräser – meist 1,5–1,8 m hoch – mit feinen Blättern. Sie tragen fingerartige Blütenähren, die sich ab dem Hochsommer zeigen. Blätter und Samenstände werden im Winter beige. Chinaschilf gedeiht am besten auf feuchten, durchlässigen Böden in voller Sonne.

M. sinensis ♀ (Chinaschilf) hat viele variable Sorten, wobei die folgenden die typischsten sind: 'China', bis 1,5 m hoch, blüht als eine der Ersten, zuerst weinrot, verblasst silbern, dann lohfarben – die Varietät *condensatus* 'Cabaret' und 'Cosmopolitan' sowie 'Ferner Osten' sind ähnlich. 'Flamingo', eine der besten Sorten, blüht früh, mit rosa-weißen Schöpfen und schmalen Blättern. 'Gracillimus' (Feinhalm-Miscanthus) bildet pilzförmige Hügel aus sehr schmalen, dunkelgrünen Blättern, die sich im Wind wiegen, und im Herbst

MISCANTHUS SINENSIS 'SILBERFEDER'

silbrige Blütenstände hervorbringen. 'Graziella' trägt schmale Blätter und eine Fülle silberner Blüten. 'Kleine Fontäne' hat schmale Blätter mit fingerartigen, silbernen Blütenständen, die herabhängen. 'Kleine Silberspinne' ist niedriger, bis 90 cm hoch, und trägt waagerechte, sehr schmale Blätter und ziemlich große, silberne Blütenstände. 'Malerpartus' ist ungewöhnlich mit breiten, weiß gestreiften Blättern und kräftigen, bis 2 m hohen Halmen und trägt im Hochsommer große, weinrote Blütenstände, die sich silbern, dann lohfarben färben; im Herbst wird die ganze Pflanze ockergelb. 'Morning Light' ähnelt 'Gracillimus', aber die schmalen Blätter sind weiß umsäumt. Die Varietät *purpurescens* ist dünnblättrig, wird bis 1 m hoch, mit blassen Blütenständen und Blättern, die sich ab dem Hochsommer weinrot färben und gegen Herbst intensiver werden. 'Rotsilber' hat breite Blätter mit auffallender Mittelrippe sowie kräftigen Halmen, die tiefrote Blütenstände tragen, die sich silbern, dann lohfarben färben. 'Sarabande' ähnelt 'Gracillimus', hat aber blasser grüne, schmale Blätter und silberne Blütenstände, die zahlreich über den Blättern erscheinen. 'Silberfeder' ist eine hohe Form mit silbernen Blütenständen bis 2,4 m Höhe. 'Sirene' bildet große Schöpfe silbrig weißer Blüten, die bei Trockenheit schlaff werden

MISCANTHUS SINENSIS 'ZEBRINUS'

und sich mit jedem Windhauch bewegen. 'Strictus' bildet dichte Horste aus besonders aufrechten Halmen mit rötlichen Blütenständen im Herbst und mittelgrünen Blättern mit goldenen Schrägstreifen. 'Undine' hat für *Miscanthus* eine leichte Form, trägt schmale, leuchtende Blätter und ziemlich große, kupferrosa Blütenstände, die bald silbern verblassen. 'Variegatus' bildet imposante Horste aus breiten, leuchtend weiß gestreiften Blättern mit rötlichen Blütenständen im Herbst. 'Yakushima Dwarf' ist reich blühend, mit kupferfarbenen, dann silberner Blütenständen, die bis 1 m hoch über den schmalen Blättern stehen. 'Zebrinus' (Stachelschweingras) wächst locker und lasch und ist berühmt für die dunkelgrün und gelb gebänderten Blätter sowie die kastanienfarbigen Blüten von 2,4 m Höhe, die zu Silber verblassen.

MOLINIA (PFEIFENGRAS)

Diese Gräser bilden dichte, kompakt bleibende Horste, die sich auf feuchten oder Feuchtigkeit speichernden Böden wohl fühlen. Unter den Ziergräsern sind sie die einzigen, die völlig sommergrün sind; im Gegensatz zu den meisten anderen Grasarten brechen ihre Blätter und Halme im Winter vom Wurzelstock ab. Sie gewöhnen sich langsam ein, deshalb sollten Sie größere Pflanzen kaufen. Alle blühen ab dem Hochsommer.

M. caerulea ssp. *arundinacea* (Rohrpfeifengras) bildet niedrige, runde Hügel aus schmalen Blättern, über denen im Frühsommer die Blüten auf schlanken Stängeln erscheinen und bis 2,4 m hoch werden. Die besten Sorten: 'Bergfreund', bis 1,8 m hoch, hat fuchsbraune Blüten in großen, ährenartigen Blütenständen. 'Fontane', bis 1,5 m hoch, trägt schwere Rispen dunkelgrauer Blüten,

MOLINIA CAERULEA SSP. ARUNINACEA

unter deren Gewicht sich die Enden der Halme wie eine Fontäne beugen. 'Karl Foerster' wird 1,5 m hoch und hat große, bronzefarbene Blütenstände auf aufrechten oder überhängenden Stängeln. 'Skyracer' ist eine Kultursorte aus Nordamerika mit sehr hohen, starr aufrechten Halmen und schmalen, bis 2,4 m hohen Blütenständen – gut geeignet, um inmitten von niedrigeren Pflanzen und zwischen Blättern vertikale Akzente zu setzen. 'Transparent' wird 1,8 m hoch und bildet winzige, dunkle Blüten in schleierartigen Rispen, die die Stängel herabhängen lassen. 'Windspiel' wird in voller Blüte ebenfalls 1,8 m hoch und trägt die dichten Blütenrispen auf Stängeln, die bei trockenem Wetter aufrecht stehen, aber bei Nässe wie eine Fontäne nach außen hängen – sie kommt nicht zur Geltung, wenn sie noch klein ist. M. caerulea ssp. *caerulea* (Blaues Pfeifengras) und die

Sorten sind allgemein kleiner als ssp. *arundinacea*, und die Blätter nehmen im Herbst oft eine hübsche buttergelbe Farbe an. 'Edith Dudszus' wird bis 90 cm hoch und besitzt bemerkenswerte dunkel rotpurpurne Halme und fast schwarze Blüten auf dünnen, auseinander fallenden Stängeln. 'Heidebraut' ist mit 1,5 m die größte Sorte und trägt auch Blätter mit der sattesten Herbstfärbung – die Blüten sind gräulich mit einem Hauch von Gelb, wodurch sie in der Sonne glitzern. 'Moorhexe', bis 60 cm hoch, hat dunkle Blüten und Stängel, die dicht und aufrecht zusammenstehen. 'Strahlenquelle', bis 90 cm hoch, hat fuchsrote Blütenrispen auf Halmen, die strahlig ausgebreitet sind, wodurch der Horst breiter als höher wirkt. 'Variegata' ❀ (Buntes Pfeifengras) ist in allen Teilen auffallend cremeweiß gestreift und wird im Herbst gelb.

MOLINIA CAERULEA 'WINDSPIEL'

MOLINIA CAERULEA SSP. *CAERULEA*

P

PANICUM (HIRSE)

Phalaris arundinacea
(Rohrglanzgras, Militz)
Sich stark ausbreitendes,
mehrjähriges Gras, das in einigen Teilen der Erde zu den
schlimmsten Unkräutern zählt.
Deshalb werden nur die
weniger wuchskräftigen panaschierten Formen – Varietät
picta – kultiviert: 'Picta' ♀,
bis zu 1,5 m hoch, hat grüne,
cremefarben gestreifte Blätter.
'Feesey' wird 1,2 m hoch, trägt
Blätter, die leuchtend weiß
gestreift und im Frühjahr rosa
überhaucht sind. 'Luteopicta',
bis 1,5 m hoch, hat leuchtend
gelbe junge Blätter, bekommen
gelbe Streifen, später dunkelgrün. Alle benötigen feuchten
Boden in der Sonne.
▨ – ▨ ◊ – ◊ ❋ ❋ ❋
↕ 1,8 m ↔ unbestimmt

Phragmites australis
(Syn. *P. australis*)
(Schilf, Schilfrohr)
Großes, stark wucherndes,
mehrjähriges Schilf gemäßigter
Feuchtgebiete. Im Allgemeinen
für Gärten nicht geeignet,

PHALARIS ARUNDINACEA
VAR. PICTA ♀

Panicum virgatum (Rutenhirse) ist ein mehrjähriges
Präriegras, das in Wuchsform
und Farbe der Blätter und
Blütenstände stark variiert.
Alle Formen blühen im Spätsommer und tragen große,
fein verästelte Blütenrispen
aus winzigen Blüten. Sie
gedeihen auf durchlässigen
Böden in sonnigen Lagen.
'Blue Tower' ist mit 2,7 m
Höhe eine der größten Sorten, die gesamte Pflanze ist
von sanftem, silbrigem Blau.
Die Blätter von 'Hänse
Hermes', 90 cm hoch, färben
sich im Herbst satt orangerot. 'Heavy Metal' gewöhnt
sich langsam ein und wächst
starr aufrecht bis 90 cm
hoch, hat blaugraue Blätter
und fast cremefarbene Blüten
in spärlich besetzten Rispen.
'Prairie Sky', bis 1,2 m hoch,
hat die schönsten blauen
Blätter, Halme und Blüten,
wirkt aber auf fruchtbaren
Böden lasch. 'Rehbraun'
ähnelt 'Hänse Hermes', wird
aber höher. 'Rotstrahlbusch'

PANICUM 'WOOD'S
VARIEGATED'

PANICUM VIRGATUM
'HEAVY METAL'

ist ähnlich, jedoch aufrechter.
'Rubrum' hat im Herbst rot
getöntes Laub. 'Shenandoah',
1,2 m hoch, zeigt die schönste Herbstfärbung innerhalb
der Gattung. 'Squaw' hat
große, stark rosa gehauchte,
bis
1,5 m hohe Blütenstände und
Blätter, die sich im Herbst rot
und gelb färben – für magere
Böden. 'Strictum' ist starr
und schmal aufrecht, bis
1,2 m hoch, und die grünen
Blätter werden im Herbst satt
gelb. 'Warrior', etwa 1,5 m
hoch, bildet große Rispen
winziger, purpurner Blüten
und sattrote Blätter im
Herbst. P. 'Wood's Variegated' hat gestreifte Blätter.

Panicum miliaceum
'Violaceum' (Rispenhirse,
Echte Hirse) ist groß, einjährig, bis 90 cm hoch mit
fingerartigen, tief violettpurpurnen, fast schwarzen
Blütenständen. Besonders
eindrucksvoll in Gruppen.
Aussaat unter Glas.

PENNISETUM (FEDERBORSTENGRAS)

Pennisetum alopecuroides (Lampenputzergras) ist ein variables mehrjähriges Gras, das charakteristische runde Hügel aus schmalen, dunkelgrünen Blättern bildet. Die dicht gepackten, rötlich braunen Blütenstände erwecken den Eindruck einer Fontäne; Blütenbüschel ähneln winzigen Fuchsschwänzen und erscheinen im Spätsommer an den Enden schlanker Stängel, die sich nach unten biegen. Die Pflanze wird durchschnittlich 90 cm hoch und bevorzugt durchlässige Böden in sonnigen Lagen. Beliebte Sorten: 'Hameln', Zwergform von 45 cm Höhe und 'Woodside', 75 cm hoch, – beide blühen üppig, haben aber starre Halme, wirkt daher weniger fontänenartig. 'Viridescens' hat fast schwarze Blüten, die in kühlen Klimaten aber selten gebildet werden. Alle Formen verblassen während des Sommers strohfarben und halten den ganzen Winter. Eindrucksvoll in gemischten Rabatten.

PENNISETUM ALOPECUROIDES 'HAMELN'

P. macrourum hat nicht das fontänenartige Aussehen. Es trägt starre aufrechte Halme und Blütenstände, die bemerkenswert sind. Die fast weißen Blütenähren, die etwa so dick und lang wie ein Bleistift sind, fangen das Licht des Himmels ein und halten es, um den Blick auf sich zu ziehen. Die Blüten, bis 2 m hoch, erscheinen im Spätsommer und Herbst. Dieses Gras ist nicht völlig winterhart und kann in kalten Wintern eingehen; gedeiht in durchlässigen Böden in sonniger Lage.

P. orientale ♀ (Orientalisches Lampenputzgras) hat blass malvenfarbene Blütenstände, die Flaschenbürsten ähneln, und von Früh- bis Spätsommer auf schlanken Stängeln erscheinen. Die Blätter sind graugrün. Die Pflanze wird bis 90 cm hoch und wirkt besonders mit Alten Rosen und Lavendel. Sie bevorzugt durchlässige Böden in voller Sonne.

P. setaceum ♀ (Fontänengras, Purpurfederborstengras) ist eine tropische Art, die einjährig gezogen oder unter Glas überwintert werden kann. Sie bevorzugt einen durchlässigen Boden in sonniger Lage. 'Rubra' hat purpurne oder dunkel schokoladenfarbene Blätter, die im Spätsommer von dichten, seidigen Büschel aus rotbraunen, behaarten Blüten überragt werden. Sie wird 60 cm hoch und kann durch Teilung vermehrt werden.

P. villosum (Wolliges Federborstengras) ist die Art, die meistens eine fontänenartige Wuchsform hat. Sie bildet breite Horste. Die zotteligen Blütenstände erscheinen von Früh- bis Spätsommer, zuerst grünlich weiß, dann weiß und schließlich bräunlich überhaucht. Die Blätter sind graugrün. Sie wird bis 60 cm hoch und kann in kalten Regionen einjährig kultiviert werden; sie bevorzugt durchlässige Böden in voller Sonne.

PENNISETUM VILLOSUM

PENNISETUM MACROURUM

PHRAGMITES AUSTRALIS
'VARIEGATUS'

wenngleich sich die Sorte 'Variegatus' mit gelb gestreiften Blättern viel weniger stark ausbreitet. Wird bis 2,4 m hoch und bevorzugt eher feuchte als nasse Böden.

▣◊–◊ ❊❊❊
‡ 3 m ↔ unbestimmt

Phyllostachys aurea ♀
(Goldrohrbambus)
Benannt nach den goldgelben Halmen und den in voller Sonne gelbgrünen Blättern, wächst auch unter kühlen Bedingungen kompakt. Halme sind stets starr aufrecht und belaubt, wodurch die Pflanze einen guten Sichtschutz und schöne Hecken bildet. Die unteren Halmknoten verdicken später rundlich. 'Holochrysa' hat leuchtend gelbe Halme.

▣–▣◊ ❊❊❊
‡ 8 m ↔ unbestimmt

Phyllostachys bambusoides 'Castillonis' ♀
(Gelbfurchenbambus)
Grüne Halme reifen zu einem kräftigen, leuchtenden Schwarz. Braucht aber sehr viel Licht, um diese Farbe anzunehmen. Halme mit tiefen, dunkelgrünen Furchen,

Blätter groß und leicht panaschiert. Gedeiht am besten in heißen Sommern.

▣–▣◊ ❊❊❊
‡ 3,5 m ↔ unbestimmt

Phyllostachys nigra ♀
(Schwarzrohrbambus)
Grüne Halme werden ab dem zweiten Jahr leuchtend schwarz, wenn sie viel Licht bekommen. Sie sind schlank und weit verzweigt und biegen sich unter dem Gewicht der Blätter nach unten. Wächst in kühlen Gebieten langsam und kompakt; im warmen Klima müssen die Wurzeln im Zaum gehalten werden.

▣–▣◊ ❊❊❊
‡ 3,5 m ↔ unbestimmt

Pleioblastus auricomus ♀ *(Syn. Arundinaria auricoma, A. viridistriata, P. viridistriatus)*
(Gelbbunter Buschbambus)
Beliebter Bambus mit aufrechten, purpurgrünen Halmen und Blättern, die grün und leuchtend gelb gestreift sind; die Farbe ist am intensivsten, wenn die Halme jedes Frühjahr bis zum Boden zurückgeschnitten werden. Bildet kleine Horste, kann sich aber auf

PLEIOBLASTUS VARIEGATUS ♀

PHYLLOSTACHYS NIGRA ♀

feuchtem Boden stark ausbreiten. Besonders für große Kübel geeignet. *P. variegatus* (Syn. *Arundinaria fortunei, A. variegata, P. fortunei*) ist klein und buschig. bis 1,5 m hoch, mit Blättern, die fein grün und weiß gestreift sind. Wie bei *P. auricomus* sind die Blätter am leuchtendsten, wenn jedes Frühjahr zurückgeschnitten wird. Wurzeln wachsen kompakt.

▣–▣◊ ❊❊❊
‡ 2 m ↔ 1,5 m

Poa chaixii
(Waldrispengras)
Bestes Gras für Waldgärten und für schattige Bereiche. Bildet starkwüchsige Horste aus breiten und leuchtend grünen Blättern. Purpurn überhauchte Blüten in locker verzweigten Rispen im Frühsommer.

▣–▣◊ ❊❊❊
‡ 60–90 cm ↔ 45 cm

S

Saccharum ravennae
(Seidengras)
Attraktive Blütenschöpfe ähneln denen des Pampasgrases (*Corta-*

SASA VEITCHII

deria), sind aber viel länger und schlanker. Eines der ungewöhnlichsten Gräser für Klimate mit langen, heißen Sommern. In kühlen Regionen ist es nicht wirklich winterhart. Es bildet große Horste aus graugrünen Blättern, bis 1,2 m hoch, die im Spätsommer von hohen Blütenständen auf ihren kräftigen Stängeln überragt werden.
⊡◊ ❀❀
↕4,2 m ↔ 1,2m

Sasa veitchii
(Zwergbambus)
Die dünnen Halme sind purpurgrün und tragen breite Blätter, hauptsächlich an den Enden. Blätter verblassen am Rand zu einer pergamentartigen Farbe bei dem ersten Winterhauch. Die sehr dekorative Pflanze ist stark wuchernd und sollte begrenzt werden, sogar in Kübeln. 'Nana' ist eine Zwergform, die nur halb so hoch wird.
⊡ – ▣◊ ❀❀❀
↕1,5 m ↔ unbestimmt

Schizachyrium scoparium
(Syn. *Andropogon scoparius*)
Mehrjähriges Gras aus den Prärien Nordamerikas mit

blaugrauen Blättern, die sich im Herbst intensiv orangerot färben. Idealer Farbklecks für den winterlichen Garten. Die winzigen, büscheligen weißen Blüten erscheinen ab dem Hochsommer bis in den Herbst. Auf besonders durchlässigen Böden kultivieren.
⊡◊ ❀❀❀
↕90 cm ↔ 30 cm

Schoenoplectrus lacustris ssp. *tabernaemontani*
(Teichsimse)
Diese große, Horst bildende, binsenähnliche Segge ist heimisch im Brack- oder Süßwasser. Die Pflanzen bestehen aus dunkelgrünen, aufrechten Stängeln, die als Blätter dienen. Empfohlene Sorten sind: 'Albescens' mit rein weißen Stängeln; 'Golden Spear' in Goldgelb, färbt sich aber später grün; 'Zebrinus' mit Halmen, die grün cremegelb gebändert sind. Sie gedeiht in fruchtbaren, nassen Böden oder im Wasser bis zu 30 cm Tiefe, in stillen und langsam fließenden Gewässern.
⊡◊ ❀❀❀
↕1,5 m ↔ 60 cm oder mehr

SACCHARUM RAVENNAE

SCHOENOPLECTUS LACUSTRIS SSP. TABERNAEMONTANI 'ZEBRINUS'

Semiarundinaria fastuosa ♀
(Syn. *Arundinaria fastuosa*)
(Japanischer Säulenbambus)
Starr aufrecht, eine der besten Bambusarten für den Garten. Sie setzt außergewöhnliche vertikale Akzente in größeren Gartengestaltungen. Die grünen Halme wachsen hoch und aufrecht, werden später purpurbraun. 'Viridis' ist eine noch höhere Form mit grünen Halmen.
⊡ – ▣◊ ❀❀❀
↕8 m ↔ 2 m oder mehr

Sesleria nitida
(Nestkopfgras, Italienisches Blaugras)
Bildet niedrige, dichte Horste immergrüner, blass graublauer bis graugrüner Blätter. Die weißgrauen, ovalen Blütenähren erheben sich im Spätfrühling über den Blättern. Es bevorzugt neutrale bis leicht alkalische Böden.
⊡ – ▣◊ ❀❀❀
↕↔ 40 cm

Setaria italica
(Kolbenhirse, Vogelhirse)
Dieses einjährige Gras wird wegen seiner dichten Blüten-

büscheln, die kleinen, dicht mit langen, silbrigen Haaren besetzten Raupen ähneln, besonders geschätzt. Den Blüten folgen die Früchte, die man Käfigvögeln zum Fressen gibt. Aussaat im Frühjahr oder Vermehrung durch Selbstaussaat.
◨◊ ✳✳✳
‡ 30 cm ↔ 15 cm

Sorghastrum nutans (Syn. *S. avenaceum*)

(Indianergras, Goldbartgras) Mehrjähriges Gras in dichten Horsten aus streng aufrechten Halmen mit üppigen, grünen Blättern. Ab dem Hochsommer kleine, aber nicht zu übersehende, kupferfarbenen Blütenstände; gut für die Vase und zum Trocknen. Einzelblüten haben leuchtend gelbe Staubbeutel. Bevorzugt magere Böden in Sonnenlage; schützen Sie es von extremer Winternässe. 'Sioux Blue' ist streng aufrecht und trägt blaue Blätter, die sich im Herbst purpurn färben.
◨◊ ✳✳✳
‡ 1,5 m ↔ 60 cm

SESLARIA NITIDA

SETARIA ITALICA

Sorghum nigricans

(Mohrenhirse) Großes, derbes, einjähriges Gras mit Ähren großer, leuchtend schwarzer Samen im Spätsommer. Säen Sie die Samen zeitig unter Glas aus. Zwischen dunklem Wasserdost und den verblassenden Dolden von rosa Hortensien sieht das Gras reizvoll aus.
◨◊–◊☙
‡ 90 cm ↔ 60 cm

Spartina pectinata 'Aureomarginata'

(Kammschlickgras, Präriegras) Mehrjährig, die aufrechten, gelb umsäumten Blätter hängen anmutig über und wiegen sich in jedem Windhauch. Formt Horste oder Gruppen, die von rötlich braunen Blütenständen überragt werden. Rhizom bildet in feuchten Böden Ausläufer, in normalem Gartenboden aber unproblematisch.
◨◊–◊ ✳✳✳
‡ 1,8 m ↔ unbestimmt

Spodiopogon sibiricus

Mehrjährige Gras, ähnelt einem Bambus und bildet Horste aus aufrechten Halmen, die mit dünnen, fast waagerecht stehenden Blättern besetzt sind. Gräulich gefärbte, ovale Blütenstände. Schöne Herbstfärbung. Bevorzugt leichten Schatten und verträgt keine Trockenheit.
◨–◪◊–◊ ✳✳✳
‡ 1,2 m ↔ 1 m

Sporobolus heterolepis

(Vilfagras) In Nordamerika heimisches Gras, das außergewöhnlich dichte Hügel sehr feiner, graugrüner Blätter bildet. Im Sommer und Herbst von zarten, duftenden Blütenständen überragt. Die Horste vertragen Trockenheit und sterben in der Mitte nicht ab; idealer Bodendecker, der auf den meisten Böden gedeiht, sich aber langsam entwickelt.
◨–◪◊ ✳✳✳
‡ 40 cm ↔ 1 m

SPARTINA PECTINATA 'AUREOMARGINATA'

STIPA (FEDERGRAS, PFRIEMENGRAS)

Eine große Gattung mehrjähriger Gräser; fast alle eignen sich gut für eine gemischte Rabatten oder ein Strauchbeet. Sie bevorzugen durchlässige Böden in sonniger Lage. Ihre dekorativen Blütenstände lassen sich gut trocknen für Sträuße und Arrangements. Die folgende Liste ist eine Auswahl der besten Arten.

S. arundinacea bildet bis zu 90 cm hohe Hügel aus dünnen, bräunlich grünen Blättern, die sich im Spätsommer orangebraun färben; im Wind wiegen sie sich wie ein Kornfeld. Im Spätsommer erscheinen auch die winzigen Blüten an auffallenden, verzweigten, weinroten Stängeln. Die schönste Herbstfärbung entsteht auf mageren Böden.

S. barbata (Reiherfedergras) wächst bis 45 cm hoch und wird hauptsächlich wegen seiner langen Grannen kultiviert. Diese können 20–30 cm lang werden und sehen zuerst

STIPA ARUNDINACEA

wie silberne Fäden aus, bevor sie schlaff und federig werden. Die Blüten erscheinen etwa einen Monat lang über einem Hügel aus gräulich gefärbten Blättern.

S. calamagrostis (Syn. *Achnatherum calamagrostis*), Silberährengras, bildet runde, bis zu 90 cm hohe Hügel. Von Frühsommer bis zum ersten Frost werden unaufhörlich federige, silbrig wirkende, grünliche Blütenstände gebildet, die sich später leicht braun färben. Eine der schönsten Arten.

S. capillata (Büschelhaargras) wächst aufrecht und bildet im Frühsommer Blütenstände, die silbrigen, seidigen Nadeln ähneln. Offene, überhängende Blütenstände über den Blättern. Bis 90 cm hoch.

S. gigantea ♀ (Riesenfedergras) ist mehrjährig. Auf bis 2 m hohen Stängeln erscheinen in der ersten Hälfte des Sommers große, weit geöff-

nete Rispen glänzend bronzefarbener und goldener Blüten, die zu strohfarbenen Samen heranreifen und bis Winter halten. Dunkelgrüne Blätter bilden einen niedrigen, runden Hügel. 'Goldfontäne' wird sogar bis 3 m hoch und trägt goldene Blüten.

S. pennata (Echtes Federgras) ähnelt *S. barbata*, bleibt aber niedriger und weniger prächtig; es wird 30 cm hoch.

S. tenuissima ist eine kurzlebige Staude, die bis 60 cm hoch wird. Die Blätter sitzen zusammen an der Basis, breiten sich aber oben aus wie ein Rasierpinsel. Sie werden von reich verzweigten Rispen winziger Blüten überragt, die sich jadegrün entwickeln und strohfarben verblassen. Die Pflanze wiegt sich sehr hübsch bei jedem Windhauch und bringt von Frühling bis Herbst unaufhörlich Blüten hervor.

STIPA CALAMAGROSTIS

STIPA GIGANTEA ♀

T

Typha angustifolia
(Schmalblättriger
Rohrkolben)
Rohrkolben sind derbe und
sich stark ausbreitende Pflanzen an Teichufern. Sie tragen
flache, aufrechte Blätter in
zwei Reihen. Dunkelbraune
Blüten auf kräftigen, aufrechten Stielen im Sommer bilden
den charakteristischen Kolben. Die meisten Arten sind
für Gärten zu stark wuchernd,
T. angustifolia ist weniger
starkwüchsig. *T. latifolia*
(Breitblättriger Rohrkolben),
bis 3 m hoch, eignet sich nur
für den Randbereich von
großen Naturteichen, denn
die Wurzelspitzen durchboh-
ren die Teichfolien aus Kunststoff. *T. latifolia* 'Variegata'
ist weniger wüchsig und hat
cremefarben gestreifte Blätter.
Der Zwergrohrkolben
(*T. minima*) ist kleiner und
schlanker, bis 75 cm hoch
und hat fast kugelige Kolben.
Als einzige Art eignet sie sich
für einen kleinen Teich oder
für einen Behälter. Pflanzen
Sie alle Arten in 30–40 cm
tiefes Wasser. Schneiden Sie

TYPHA MINIMA

TYPHA LATIFOLIA

Blütenkolben für die Vase
rechtzeitig ab; sie sollten
getrocknet und mit Haar-
spray besprüht werden.
▣ ◊ ❋ ❋ ❋
‡ 2 m ↔ unbestimmt

U

Uncinia rubra
Sauergras, ursprünglich aus
feuchten und sumpfigen Gebieten in Neuseeland, Austra-
lien und Südamerika, jedoch
keine Wasserpflanze. Mehrjährig, bildet niedrige Hügel
schmaler, v-förmig spitz zulau-
fender Blätter, mit stark vari-
ierender Farbe – von Dunkel-
mahagoni bis zu bräunlichem
Grün, abhängig von der Lichtintensität. Arten ähneln der
Gattung *Carex*, aber jeder
Samen trägt an der Spitze
einen kleinen Haken. *U. uni-
cata* ist kleiner und *U. clavata*
bildet dichte Hügel aus dunklen, immergrünen Blättern.
Fast schwarze Blütenstände
auf den schlanken Stielen.
Gedeiht in feuchten, durchlässigen Böden und mag keine
heißen und langen Sommer.
▣ ◊ ❋ ❋ ❋
‡ 30 cm ↔ 35 cm

Z

Zea mays
(Mais)
Einjähriges Gras mit langen,
breiten Blättern, die bei 'Variegata' weiß, bei 'Quadricolor'
weiß, gelb und rosa und bei
'Harlequin' rot gestreift sind.
Blütenschöpfe entwickeln sich
oben, die auffallenden, essbaren
Kolben in den Blattachseln.
'Indian Corn' bildet Kolben
mit mehrfarbigen Körnern,
'Strawberry Corn' hat burgun-
derfarbene Körner und 'Fiesta'
rote, weiße, blaue und purpurne. Pflanzen Sie Mais in
Gruppen. Viele Sorten brauchen eine möglichst lange
Wachstumszeit, so dass Sie sie
in der Mitte des Winters unter
Glas aussäen sollten.
▣ ◊ – ◊ ❁
‡ 3,5 m ↔ 60 cm

UNCINIA RUBRA

REGISTER

DANK

Bildrecherche Samantha Nunn
Bildredaktion Romaine Werblow, Richard Dabb
Spezialfotos Peter Anderson
Illustrationen Gill Tomblin, Karen Gavin
Register Hilary Bird

Dorling Kindersley Verlag bedankt sich bei: allen Mitarbeitern der RHS, besonders Susanne Mitchell, Karen Wilson und Barbara Haynes (Büro Vincent Square).

Die Royal Horticultural Society Um mehr über die Arbeit der Gesellschaft zu erfahren, können Sie die RHS im Internet unter www.rhs.uk besuchen. Die Informationen umfassen nationale Veranstaltungen, eine botanische Datenbank, ein internationales Pflanzenregister und vieles mehr.

Bildnachweis Der Verlag möchte auch folgenden Fotografen für die Überlassung von Bildmaterial danken:

(Abkürzungen: o=oben, M=Mitte, u=unten, l=links, r=rechts)

Garden Picture Library: Mark Bolton 34ul, 64ul; Eric Crichton 21o; John Glover 10ul, 12u, 20ur; Marijke Heuff 15o; Mayer/Le Scanff 6, 9o; John Neubauer 7u; Jerry Pavia 8u; J.S. Sira 14u, 18ur; Rachel White 21Mr; Steven Wooster 23u
John Glover: 70ul
Roger Grounds: 65ol, 71uM, 72ul
Clive Nichols: 23ol; Bonita Bulaitis 13o, 30; Hillier Gardens, Hampshire 9u; Lady Farm, Somerset 17ur; The Old Vicarage, Norfolk 16ur; James Van Sweden 2; Elisabeth Woodhouse 15Ml
Photos Horticultural: 64oM, 64ur, 70ur
Picturesmiths Limited: 41ur
Derek St Romaine: 10ur, 11ol, 11or, 17ol, 19ol, 19or, 22u, 24u, 25ol, 25ur, 26Ml, 26ur, 28Mr, 29o, Titelfoto ul und ol

Alle anderen Bilder: Dorling Kindersley. Weitere Informationen siehe: www.dkimages.com